# 산업자본과 금융자본 관계의 국제비교

# 산업자본과
# 금융자본 관계의
# 국제비교

권영준 · 이혜란 · 허능식

KSI 한국학술정보㈜

# 머리말

　합리적인 산업자본과 금융자본과의 관계설정이 무엇인가에 대한 논의는 우리나라에서만도 벌써 20여년이 넘은 오래된 이슈이다. 또한 이미 금융선진국에서는 더 이상의 재론의 여지가 불필요할 정도로 이론적 공감대는 물론 실제적 컨센서스가 이루어져 있다. 즉, 금융선진국들에서 산업자본이 금융자본에 대해 진출하지 못하도록 사전적으로 강제규제하는 법률을 갖고 있는 국가는 드물지만, 산업자본이 금융산업에 진출했을 경우에는 사후적으로 산업자본에 대한 규제감독 수준이 금융산업의 규제수준과 동일하게 적용될 뿐만 아니라, 금융산업의 건전성 감독 차원에서 산업자본의 자금흐름 전반에 대해 엄격하게 조사하는 것이 글로벌 표준이다. 따라서, 금융선진국의 산업자본들은 금융산업에 진출해서 얻는 실익보다는 규제비용이 훨씬 더 크게 만드는 사후적 규제때문에 스스로 금융산업으로의 진출을 자제하고 있다고 할 수 있다. 그것이 금융산업의 건전성과 안정성을 지키는 감독당국의 대원칙이고, 동시에 그것이 금융소비자들을 보호하는 감독원칙에 부합하기 때문이다. 그럼에도 불구하고, 우리 감독당국과 일부 정치인은 금융감독의 원칙에 대한 철저한 사유와 철학이 부재한 상태에서, 금융산업의 양적 발전이라는 단순한 목적하에 대규모기업집단(재벌)의 금융산업의 소유 및 지배에 대해 매우 안이한 사고를 갖고 있다. 이는 단순히 토종자본이라는 국민정서에 기대어 산업과 금융의 관계에 대한 기본원칙을 훼손할 수 있는 위험을 간과하고, 소위 규제완화라는 명목하에 재벌들의 은행소유를 허용하고자 논란을 재연시키고 있는 것이다. 이에 본 연구에서는 비록 사후적 규제를 기본원칙으로 갖고 있더라도 금융선진국에서 산업자본과 금융자본과의 합리적 관계설정이 어떻게 이루어졌는가에 대해서 경제발전과정과 연관시켜서 산업과 금융의 관계를 살펴보고 시사점을 도출하여, 감독기술이 아직도 후진적인 한국 금융산업의 건전한 발전에 대한 교훈을 찾고자 하였다.

본서는 학술진흥재단 기초학문육성지원사업 인문사회분야 주제인『글로벌 스탠다드에 적합한 한국기업집단들의 지배구조 개선방안 연구』제4연구분야 산업자본과 금융자본 관계의 국제비교의 1·2차 연도 최종보고서를 종합·보완하여 출판한 것이다. 1차년도 보고서에는 전임연구원 하능식 박사가 주 집필자로서 역할하였고, 2차년도 보고서에는 전임연구원 이혜란 박사가 주 집필자로서 역할하였으며, 1·2차년도 보고서 공히 주제선정과 연구방향의 결정, 참고자료 선정 및 정책적 함의를 위한 지도와 자문은 본 연구계획을 처음부터 시작한 권영준 경희대 교수가 공동연구원으로 역할하였다.

이 책은 산업자본과 금융산업간의 바람직한 관계설정을 위해서 이론적 검토는 물론 국제적 성공사례를 찾아 비교검토하고 각국의 산업발전단계에서 금융과 산업간의 관계를 정밀분석함으로써 국내 대규모 기업집단(재벌)과 금융산업의 건전한 발전을 위한 합리적 대안을 찾는데 목적과 필요성이 있다.

따라서 산업자본과 금융자본의 건전한 관계 정립 방향을 모색하기 위한 새로운 각도에서의 접근이 필요하다고 생각하여 국제적으로 다양한 산업자본과 금융산업 간의 사례들을 발굴하여 본격적인 사례 분석을 통해 합리적인 산업과 금융간의 관계 정립을 모색하기위해 각국의 경제발전과정을 역사적으로 분석함으로써 정책 환경요인과 발전단계에서 나타난 특수요인들을 살펴보고, 우리나라에서의 산업자본과 금융자본의 실태를 분석하였다.

또한 IMF 외환금융위기 이후 혹독한 금융구조조정을 겪는 과정에서 겪었던 산업자본과 금융산업간의 역사적 경험에 대한 재평가와 아울러 향후 우리 경제가 선진화되기 위해 반드시 정립되어야 하는 금융시장 규율이 산업자본의 연계성과 어떠한 상관관계를 갖고 있는지도 분석하고자 하였다.

이 책을 쓰는 데는 많은 저서들과 논문들이 참조되었으며, 중요한 저서와 논문들은 참고문헌과 각주로 본문과 참고문헌에 소개하였다.

이 책이 나오기 까지 많은 도움을 주신 (사)경제정의연구소 관계자 여러분들께 감사드리며, 무엇보다도 전임연구원들이 연구에 전념하도록 전폭적인 재정 지원을 아끼지 않은 학술진흥재단 관계자 여러분들께 큰 감사를 드리는 바이다. 이 책의 출간에 있어서 발생하는 모든 오류에 대한 책임은 전적으로 공동집필 연구진들에게 있음을 밝힌다.


2007년 6월

# 목 차

# 제 1 장 검토배경

# 제 1 절 최근 동향

참여정부는 출범 시부터 재벌의 사금고화 방지를 위해 산업자본의 금융지배방지 로드맵(재경부)을 작성하는 등 다양한 정책을 추진 중에 있다. 그 일환으로 최근 금융보험사가 보유하고 있는 계열회사 주식의 의결권행사 한도를 축소하도록 하였다. 그리고 금융기관을 이용한 기업결합을 제한하는 금융산업 구조개선에 관한 법률의 실효성을 높이기 위해 동법의 개정작업을 진행 중에 있다. 그런데 이로 인하여 국내 우량기업의 경영권 방어가 어려워지고 국내금융기관을 외국금융기관에 비해 차별한다는 주장이 제기되는 등 이와 관련한 논란은 여전히 계속되고 있다.

그리고 2004년 말에는 사모투자전문회사(PEF)의 활성화를 통하여 기업 지배구조를 효율화하고 기업 경영권 거래를 활발하게 함으로써 경영자에 대한 시장규율 강화 및 국내 금융자본을 육성하고자 간접투자자산운용업법을 개정하기도 하였다. 그러나 PEF가 오히려 산업자본의 은행지배를 가능하게 하는 통로로 사용될 여지가 있다는 우려가 제기되기도 한다.

한편 한국시티은행의 출범과 스탠다드차타드의 제일은행 인수 등을 계기로 외국인의 금융시장지배에 대한 우려가 커지고 있다. 외환위기 이후 부족한 국내자본을 보충하기 위한 활발한 외자유치 정책 등으로 외국계 자본의 국내 금융업 진출이 크게 증가하였다. 그러나 일부 투기성 외국자본의 경우 단기투자이익을 극대화하는 과정에서 무리한 구조조정과 고율배당, 유상감자 등으로 국내기업의 장기적 성장성을 저해하는 문제를 야기하고 있다. 또한 외국자본의 금융산업 비중증대는 적대적 M&A 위협을 통해 기업의 경영안정성을 저해하고 이들의 위험회피 성향으로 산업자금 공급기능이 위축되는 문제에 대한 우려도 제기되고 있다.

더욱이 우리나라에서는 최근 방카슈랑스 도입에 대응하여 보험회사가 은행업을 영위하는 형태인 어슈어뱅킹을 허용해 달라는 요구가 나타나고 있으며, 이에 따라 '삼성은행'의 탄생에 대한 우려마저 낳고 있다. 즉 방카슈랑스 목적으로 보험사가 은행자회사의 설립을 원할 경우에 한해 산업자본의 은행 주식소유제한을 4%에서 15%로 완화하는 방안을 보험업계에서 요구한다는 것이다.(매일경제 2005. 4. 1) 이 경우 보험사가 자회사로 둘 수 있는 은행은 대기업 여신취급이 금지된 소매은행이 될 것이라는 것이 정부의 설명이다.

또한 최근에는 금융산업구조개선에 관한 법률 개정안의 국회 의결을 앞두고 논란이 한창이다. 삼성카드가 보유한 에버랜드 지분이 25.6%에 이르게 됨에 따라 금산법을 위반하였는지의 여부에 대해 의견이 분분하다. 그리고 삼성생명이 보유한 삼성전자 지분 7.2% 중 금산법상의 한도초과분인 2.2%에 대해 의결권을 허용하느냐도 국내 핵심주요기업의 경영권 방어문제와 연계되면서 쟁점이 되고 있다. 이러한 논란의 원인은 금융과 산업의 결합이 초래할 부작용에 대한 견해차에 크게 기인하고 있다.

이에 따라 산업자본과 금융자본의 관계에 관한 논의가 활발해지고 이에 대한 국민적 관심도 그 어느 때보다 높은 상황이다.

# 제 2 절 연구 필요성

금융회사는 기업에 자금을 제공하는 역할을 수행하는 주체로서 국가경제의 성장과 발전을 위해서는 양자 간 상호 협력과 적절한 견제가 요구된다. 금융회사와 기업 간에 유기적 협력이 제대로 이루어지지 않으면 창의적 아이디어와 기술을 보유한 기업이 많아도 자금지원이 제대로 되지 않아 국가 경제가 제대로 성장해 갈 수 없다. 반면에, 금융회사가 기업에 대한 심사기능을 제대로 수행하지 않는 등 견제기능을 상실할 경우 자원의 효율적 배분이 이루어지지 않고 자원의 낭비를 가져와 경제성장을 저해할 수 있다. 따라서 금융회사와 기업은 적절한 협력과 견제의 관계를 유지하는 것이 바람직한데 산업이 금융을 지배하거나 반대로 금융이 산업을 지배할 경우 이러한 바람직한 관계가 성립되지 않을 가능성이 높아 이에 대한 많은 논쟁이 있어 왔다.

우리나라에서는 산업발전과정에서 금융의 도구적 성격이 강조되어 왔으며 그 결과 금융자본 축적의 미약으로 산업이 금융을 지배하게 되어 이의 적정성에 대한 논란이 있어 왔다. 동 논쟁의 핵심은 결국 금융이 본연의 역할인 산업에 대한 견제기능을 제대로 수행할 수 있는지 또한 우리나라의 산업구조, 경제환경 등에 비추어 산업의 금융지배를 제한하는 것이 바람직한 것인지 그렇다면 그 범위와 수준은 어느 정도여야 하는지 등에 관한 것이다.

전통적으로 국내에서는 산업자본의 은행소유가 엄격히 제한된 반면, 산업자본의 비은행금융회사 소유는 허용되어 왔다. 금융위기 이후 구조조정과정에서 국내 은행에 대한 산업자본의 소유지분은 감소한 반면, 비은행금융회사에 대한 산업자본의 지배적 위치는 유지되어 왔다. 현재, 은행을 제외한 증권, 투신, 보험, 여신전문업 등 거의 모든 금융업종에서 대규모 기업집단(이하 대기업집단)은 지배적 위치를 구축하고 있다.

산업자본이 금융회사를 소유·지배함으로써 경영효율성의 제고, 업무 다각화에 따른 시너지 창출 등을 기대할 수 있는 반면, 여러 폐단이 있을 수 있는데 특히 동반 부실화에 따른 금융시스템의 불안정성 증대의 문제를 야기할 수 있다. 실제로 과거 산업자본의 지배하에 있던 금융회사들이 모기업의 부실화에 따라 동반 부실화되어 금융시장에 혼란을 초래한 경우가 적지 않았다.

또한, 2002년 공정거래법의 개정을 통해 대기업집단소속 금융회사가 보유한 계열사 주식의 의결권행사가 허용됨에 따라 경제력 집중 심화의 우려도 커졌다. 당초 해당 계열사에 대한 적대적 M&A에 대한 방어능력 강화를 위해 의결권행사를 허용하였으나 대기업집단이 계열 금융회사를 계열확장 수단으로 이용하는 경우들이 나타났다. 또한 일부 계열사의 부실로 인한 전체 계열사의 동반 부실화로 금융시스템의 위험이 커지는 폐단을 가져올 수도 있다는 우려가 있다.

본 연구는 산업자본과 금융산업 간의 바람직한 관계설정을 위해서 이론적 검토는 물론 국제적 성공사례를 찾아 비교검토하고, 각국의 산업발전단계에서 금융과 산업 간의 관계를 정밀 분석함으로써 국내 대규모 기업집단(재벌)과 금융산업의 건전한 발전을 위한 합리적 대안을 찾는 데 연구의 목적과 필요성이 있다.

# 제 3 절 기존연구와의 비교

산업자본의 금융산업 지배와 관련한 선행연구는 크게 두 가지로 구분되는데, 첫째는 금융시장규율의 정상화를 위해 산업자본의 금융지배는 엄격히 제한되어야 한다는 것이다. 이에 대한 논리적 배경은 금융산업의 건전성을 강조해야 한다는 것이다. 후진국은 물론이고 선진국의 경우에도 경기 순환적 원인에 의한 것이든 경제적 외부 충격에 의한 것이든 또는 정책실패에 의한 것이든 경제위기는 언제나 찾아올 수 있다. 그러나 금융시장의 규율이 바로 서고 효율적인 자본시장이 작동하는 나라의 경우에는 이러한 실물경제의 위기를 금융시장이 사전에 감지하여 다양한 신호음을 보냄으로써 정책당국을 위시한 경제주체들이 시장원리에 맞게 즉각 적응하여 위기의 진폭을 축소하여 파급효과를 최소화할 수 있다는 것이다. 따라서 첫 번째 주장과 관련된 연구는 주로 금융산업의 건전성과 독립성에 강조점을 두고 시장규율의 정상화에 목표를 두고 있다고 할 수 있다.

둘째는 금융산업의 경쟁력 강화와 효율성과 관련된 연구로서 현재와 같은 금융산업의 지분구조로는 주인 없는 금융산업이 되어 언제나 관치에 의한 개입 가능성이 열려 있기 때문에 경쟁력이 떨어지고 효율성이 낮아진다는 주장이다. 또한 최근에 금융산업의 대종을 이루는 외국인 지분의 확대와 외국자본의 경영권 장악이 종국에는 금융산업의 외국자본 예속화를 가져와 국내 금융정책의 효율성이 떨어지고 정책협력을 이룰 수 없게 하는 등 여러 가지 어려움을 가중시키고 있다는 주장이다.

이상의 두 가지 주장과 관련된 연구 모두 IMF 외환금융위기의 발생원인과 맥을 같이하고 있지만, 어느 한 가지 주장만 옳다고 하기에는 한계가 있기 때문에 본 연구에서는 다양한 시나리오와 사례분석을 통해 합리적인 산업자본과 금융산업과의 관계정립을 모색하고자 한다. 금융산업의 구조조정 성과 및 과제에 대한 그동안의 대부분의 연구들은 주로 공적자금투입과 관련한 규모의 적정성이나 투입의 문제점과 성과, 그리고 관리감독의 효율성 등의 거시적 제도 연구를 통해 과거 우리 금융산업이 안고 있는 문제점들을 분석하였다.

따라서 본 연구에서는 선진국의 산업자본과 금융산업 간의 관계를 분석하여 각국의 경제발전과정에서 양자 간의 소유지배구조가 어떠한 역할을 했는지를 분석한다. 그리고 우리나라 산업자본과 금융자본의 건전한 관계 정립방향을 모색하기 위해 주요 선진국의 제도를 비교 분석하고, 아울러 각국의 산업화 과정 및 자본시장 발달수준이 제도형성에 미친 영향도 고찰한다. 지금까지 이 분야의 국내 연구는 주로 연구자 개인의 주관에 기초한 추상적 주장이거나 이해관계자의 입장을 대변하

는 연구보고서가 대부분이었던 데 비해, 본 연구는 미국, 일본뿐만 아
니라 유럽연합(EU) 국가 등 주요 선진국들을 총망라하였고, 산업-금융
관계를 규율하는 제도, 주요 은행의 대주주 구성, 그리고 대주주의 유
형 등도 분석함으로써 종합적이고 체계적인 국제비교가 가능하도록 하
였다는 데 그 특징이 있다.

특히 EU의 경우 EU 전체를 총괄하는 지침서를 기초로 각국의 금융
규제제도가 설계되어 있으므로 지침서에서 정하고 있는 EU 수준의 규
제제도를 고찰한 후 각 국가별 규제제도를 고찰한다. 그 다음에는 산
업자본과 금융자본의 분리와 관련한 우리나라의 제도를 은행법, 금융지
주회사법, 공정거래법, 금융산업구조개선에 관한 법률 및 간접투자자산
운용업법 등으로 구분하여 구체적으로 살펴볼 것이며, 또한 이와 관련
한 최근의 사례를 검토하고자 한다.

제 2 장
산업자본과 금융자본의
분리 논의

금융제도와 관련한 업무분리원칙은 크게 다음의 두 가지로 나눌 수 있다. 즉 1) 상업은행업무와 비은행업무, 특히 은행업과 증권업의 분리, 2) 상업은행업과 비금융업의 분리로 구분된다. 이 중 어느 원칙을 수용할 것인가의 여부는 업무 통합겸영으로 인하여 효율성과 안정성이 어떠한 영향을 받을 것인가에 따라 달라질 것이다.

이 연구에서는 주로 두 번째 분리원칙에 따라 상업은행과 비금융기업 간의 소유규제 제도에 중점을 두고 논의를 전개할 것이다. 이를 위해 먼저 은행산업이 다른 산업에 비해 차별적인 규제와 감독을 받고 있는 이유를 그 산업의 특수성 측면에서 고찰한다. 그리고 산업과 금융이 결합함으로써 나타나는 긍정적 측면과 부정적 측면을 이론적 및 실증적으로 살펴보고자 한다.


# 제 1 절 은행산업의 특수성과 소유제한


은행산업은 다음과 같은 여러 가지 특수성을 지니고 있기 때문에 다른 산업에 비해 특별히 많은 규제와 감독을 받는다.

첫째, 은행은 거래서비스 제공 및 지급제도의 관리, 유동성 공급, 통화정책의 파급경로 등의 기능을 지니고 있으므로 다른 산업과 구분된다. 따라서 은행산업의 경우 개별은행의 문제가 타 은행으로 전염되거나 시스템문제로 발전하는 경향이 다른 산업에 비해 매우 강하여 은행시스템의 위기가 경제전반에 급속히 파급된다. 이에 따라 모든 나라들이 차이는 있더라도 은행의 소유와 영업활동에 대해 규제와 감독을 시행하는 것이다.(B.C.N.2004)

은행과 비금융업의 겸영을 허용하는 경우 은행의 안전망(safety net)을 비은행계열기업에까지 확대하는 문제가 발생하고, 계열기업에 대한 편중여신의 소지가 많아 은행의 건전성이 손상되어 은행제도 전체의 안전성을 위협하는 경우가 발생한다. 은행업과 비금융업 겸영이 공공성을 저해하는 문제는 실증적 문제라기보다 규범적 판단의 문제에 가깝다고 할 수 있다. 즉 은행은 중앙은행의 최종대여자기능이나 정부의 예금보험기능 등의 혜택을 누리는데, 특정 기업 및 산업자본가가 은행을 지배하는 경우 이러한 혜택을 산업자본가가 누리는 것이 공공의 이익에 부합하느냐의 문제가 있기 때문이다. 결국 이와 같은 공공성 문제는 은행업 진입의 공정성 문제로 귀착된다.(좌승희, 1994)

둘째, 은행산업은 다른 산업에 비해 구조적으로 취약한 특성을 지닌다. 은행은 그 자산의 대부분이 일반인들의 요구불예금이고 예금주들은 언제든지 자신들이 맡긴 자금을 회수해 갈 수 있기 때문에 은행의 대외적인 신용은 은행존립을 위한 핵심적 요소라 할 수 있다. 따라서 은행은 신용리스크에 대단히 민감하고 예금보험제도 등과 같은 국가의 지원이 없다면 뱅크런(bank run)에 직면할 경우 정상적인 은행이라 할지라도 버틸 수 없다. 특히 한 은행에 지급불능사태가 발생하면 다른 은행들의 지급능력에 대해서도 의심을 일으켜 연쇄적인 은행도산 등 전체 금융시스템의 붕괴를 초래할 가능성(system risk)이 높아진다. 다른 산업에 비해 은행산업의 자본금 비율이 매우 낮다는 점도 은행산업의 취약성을 가져오는 원인으로 지적된다. 그 이유는 이러한 낮은 자본금비율이 경영상의 의사결정이 조금만 잘못되더라도 은행을 위험에 처하게 만들 수 있기 때문이다.

셋째, 은행산업은 산업 특성상 국민경제적으로 매우 중요한 위치를 차지하고 있다. 은행은 화폐적 안정성을 확보하여 통화정책의 유효성과 지불제도의 안정성을 유지해야 하므로 감독당국으로부터 많은 통제를 받으며 유사시에는 최종대부자의 기능을 하는 등 중앙은행으로부터 보호를 받는다. 따라서 은행을 특정인이 지배할 경우 중앙은행의 안전장치는 특정기업의 보호벽으로 작용할 수 있다. 즉 금융제도의 공공성과 안정성을 유지하기 위해 설치한 정부의 예금보험제도와 한국은행의 최종대부자기능 등 공적 안전망(public safety net)이 산업자본에까지 확대됨으로써 산업자본의 도덕적 해이를 조장할 가능성이 있으므로 이를 방지하기 위해 은행의 소유구조를 통제할 필요가 있다는 것이다. 그리고 일반기업의 경우 경영에 따른 위험부담자가 주주인 반면, 은행의 경우 민간은행은 통화당국의 보호를 받고 있으므로 정부 또한 위험부담자의 위치에 있다고 볼 수 있다는 것이다. 이러한 점에서 정부는 은행을 통제·감독하고 소유지분을 규제하는 것이다.

넷째, 은행업에 있어 예금자는 다른 상품이나 서비스거래의 소비자와는 달리 은행의 예금에 대해 자신의 이익을 직접 보호하는 것이 어렵게 되어 있다. 이러한 상황에서 소유규제는 은행소유자가 은행경영에 미칠 수 있는 영향력의 크기와 범위를 제한함으로써 예금자의 이익이 은행의 소유지배구조에 의해 손상되지 않도록 보호하는 장치라고 할 수 있다.(김광묵, 2001) 과거 은행의 주요 주주가 특정관계에 있는 기업의 회사채인수나 특혜대출 등을 통해 예금자의 이익을 위협하는 사례가 나타났었고, 우리나라의 제2금융권에서도 이와 같은 사례를 볼 수 있었다. 즉 금융기관의 소유집중은 잠재적으로 예금자의 이익을 손상시킬 위험을 갖고 있다는 것이다.

이처럼 은행산업의 경우 효율적인 책임경영체제의 구축에 있어 단지 상업적 효율성뿐만 아니라 이러한 특수성을 고려한 공공적 효율성에 대한 충분한 배려가 필요하며, 이러한 측면에서 산업자본과 은행자본의 분리 등의 일정정도의 소유규제는 불가피하다고 할 수 있겠다.

# 제2절 산업-금융 결합의 순기능

산업과 금융이 결합함으로써 기대할 수 있는 긍정적 효과는 비용과 수익측면의 시너지효과, 상품 및 지리적 다변화의 편익, 새로운 자본의 원천으로서 자본확충의 용이성, 대리인비용의 감소와 기업지배구조 측면의 장점 등을 꼽을 수 있다.

## 1. 비용과 수익의 시너지효과

### 1) 규모의 경제

산업-금융 결합의 순기능으로써 은행이 산업자본과 결합함에 따라 은행의 규모가 커지고 은행서비스 생산의 평균비용이 하락하는 현상을 일컫는다.(Saunders, 1994) 규모의 경제로 인한 비용절감 효과가 일부는 은행서비스 가격하락의 형태로써 소비자에게 귀착되므로 은행과 소비자 모두 이득을 볼 수 있다는 것이다.

산업과 금융의 상호결합으로 기대할 수 있는 가장 큰 장점은 운영비용의 절감과 업무의 효율성 제고에 있다고 할 수 있다. 금융과 제조업의 경우 고정비 비율이 높아 규모의 경제가 작용하므로 기간시설 및 판매망의 공동사용, 관리비용의 공동부담 등의 형태로 비용절감이 가능하다.

은행기법이 고도화하고 은행규모가 확대됨에 따라 규모의 경제가 나타날 것이라는 예상에도 불구하고 은행산업에서 규모의 경제가 얼마나 존재하는가에 관한 문제는 여전히 논란의 대상으로 남아 있다. 1982년 이전의 문헌에서는 은행산업에 규모의 경제가 존재하는 것으로 보았으나, 1982년 이후의 연구에서는 규모의 경제가 작용하는 범위가 매우 작은 수준이라는 주장이 많았다. Shaffer(1988)는 100대 미국 은행을 조사한 결과 자산규모 600억 달러 수준까지 규모의 경제가 나타난다고 주장하였고, 자산규모 10억 달러 이상의 328개 미국은행을 조사한 Mester(1990)의 연구에서도 규모의 경제가 상당부분 존재하는 것으로 나타나고 있다. Saunders and Walter(1994)는 세계 200대 은행을 조사한 결과 규모의 경제는 자산규모 250억 달러 수준까지 나타난다고 하였다. 그리고 Berger and Humphrey(1990)는 은행들 간의 평균비용 절감의 차이가 매우 크다는 것을 밝혀냈다. 기술적 비효율성(투입물의 비례적 과다사용) 및 분배적 비효율성(부적절한 투입물 배합)의 차이가 은행들 간에 30% 수준까지 나타난다고 주장하였다.

## 2) 범위의 경제

규모의 경제 연구는 은행규모가 비용 면에서 어떤 효과를 갖는가에 관심이 있지만 범위의 경제 연구는 은행상품의 배합이 비용 면에서 어떤 효과를 나타내는가에 관심을 두고 있다. 즉 여러 가지 상품을 최적으로 또는 효율적으로 배합하여 생산함으로써 전체적인 비용을 낮출 수 있다는 것이다. 비용절감의 기본 원천은 다수의 산출물 생산에서 투입물을 효율적으로 공유(sharing)할 수 있다는 데 있는 것이다.

이러한 논리에 따라 산업-금융이 결합하면 정보공유를 통해 비용절감 또는 수익 증대를 기할 수 있어 업무효율성 향상을 기대할 수 있다는 것이다.(대한상의, 2004) 이것은 산업-금융의 결합을 통해 산업-금융 간의 정보 비대칭성을 제거할 수 있고, 이에 따라 리스크 프리미엄을 낮출 수 있어 산업과 금융 간의 거래비용을 절감할 수 있기 때문으로 볼 수 있다. 그리고 고객데이터, 경영노하우 등 영업과 관련한 정보를 상호 공유함으로써 업무의 효율성을 제고하고 수익성을 증대할 수 있는 측면도 있다. 또한 금융은 기업에 대해 안정된 자금조달원 역할을 하고, 기업은 금융에 대해 안정된 구매자 역할을 수행함으로써 비용을 절감할 수도 있다.

그런데 미국 은행산업에 범위의 경제가 존재하는가에 관한 대다수의 연구에서 범위의 경제는 존재하지 않는 것으로 결론을 내리고 있다. 이에 대해서는 두 가지 해석이 존재하는데, 첫째, 은행업무영역의 확대로 인한 범위의 경제효과가 없기 때문이라는 것과 둘째, 범위의 경제가 존재하더라도 은행의 업무영역을 제한하는 규제제도로 인해 은행들이 금융상품을 생산하는 데 최소비용의 기법을 적용할 수 없었기 때문이라는 것이다. Saunders and Walter(1994)는 세계 200대 은행(다수의 유니버설 뱅킹 포함)의 은행상품과 수수료관련 상품 간에 범위의 경제에 대한 증거가 없다고 주장하였다.

## 3) 수익창출

비용 측면의 범위의 경제에 관한 연구는 투입자원의 보다 효율적 배합 및 이용 또는 은행의 비용 절감 등에 관심을 두는 데 반해, 수익 측면의 이득은 은행-산업 결합기업의 상품을 소비자 및 계열사에 효과적으로 유통시킬 수 있느냐와 교차판매(cross-selling)의 가능성 여부 등에 따라 결정된다. 예로써 은행이 소유한 TV 채널에서 은행상품을 광고하는 것 등이 그것이다.

은행과 산업이 결합하면 연계판매, 특혜대출 등 이해상충 문제가 나타날 수 있으므로 결합기업의 행위에 제한을 가하는 것이 정당화될 때도 있다. 그러나 많은 경우에 계열화된 은행이 제공하는 금융서비스가 조직 전체적인 측면에서 오히려 효과적일 수 있다는 주장이 있다. 결합기업이 공급하는 금융서비스는 산업-금융 결합기업(conglomerates)뿐

만 아니라 탐색비용(search cost) 및 거래비용(transaction cost)을 줄이려
는 소비자에게도 이득을 제공한다. 즉 암묵적으로 소비자들은 한 기업
이 제공하는 재화 및 금융서비스의 묶음 가치를 개별 판매자가 별도로
판매하는 가치보다 높게 평가하는 경향이 있기 때문이다.

범위의 경제와 같은 잠재적 비용 측면의 시너지 효과는 조직이 완전
한 통합을 이룰 때 가장 잘 나타나지만, 수익 측면의 시너지 효과는
조직을 완전히 통합하지 않더라도 나타날 수 있다. 실제로 주요 수익
시너지(revenue synergies)는 소비자에게 기업 간 상품의 교차판매 및
마케팅에 대한 최소한의 규제만을 가진 비교적 느슨한 지주회사체제에
서 쉽게 나타날 수 있다. 이와 같은 수입시너지는 은행의 자회사를 통
해 보험을 판매하는 유럽은행들에서 많이 나타난다. 결국, 제조자회사
에 의한 금융서비스의 교차판매가 은행에 의한 제조기업 상품의 교차
판매보다 훨씬 용이하다는 것이다.

대부분의 은행들은 소비자 및 소매 유통업자들이 매우 이상적이라고
생각하는 광범위한 판매망을 확보하고 있다. 그러나 은행들은 애프터서
비스의 경험이 거의 없고 비교우위에 있지도 않으므로 애프터서비스를
필요로 하지 않는 상품들만 은행계열사를 통해 교차판매하는 경향이
있다. 그러나 불행히도 수익기준으로 규모의 경제나 범위경제가 존재한
다는 실증적 결과는 거의 찾아볼 수 없다.


## 2. 다변화의 편익

산업-은행 결합기업으로부터의 상품 및 지리적 다변화의 편익이 산
업-금융 결합의 순기능으로 지적되기도 한다. 복합기업 수익구조상 제
조업상품 이윤과 은행상품 이윤의 상관관계가 약할수록 이 복합기업의
총이윤 흐름은 단일상품에 특화했을 때보다 훨씬 안정적인 경향이 있

다. 자동차 산업에 상당한 투자를 한 제조기업은 자회사인 은행에서 판매하는 금융서비스가 경기불황에 덜 민감할수록 자동차 판매 불황의 충격을 쉽게 극복할 수 있다. 명목이자율 상승으로 인한 은행 (고정소득)투자의 잠재적 손실은 자동차산업 같은 실물부문 투자수익이 이자율변동에 민감하지 않으므로 비교적 쉽게 상쇄된다.

제조업이 쇠퇴하는 지역의 기업은 은행산업이 확대, 번창하는 지역의 은행을 인수함으로써 지리적 다변화의 편익을 크게 볼 수도 있다. Eisenbeis et al.(1984)의 연구는 은행지주회사의 경우 지리적 다변화 편익이 상품다변화 못지않게 중요한 것으로 밝혀내고 있다.

혼자만의 노력으로는 결코 완전한 다변화의 편익을 확보할 수 없는 불완전한 시장에서의 투자자일수록 다변화 이득을 긍정적으로 평가하는 경향이 있다. 다시 말해 자본시장이 보다 완전하고 마찰이 적을수록 복합기업에 의한 다변화로부터 투자자들이 얻을 수 있는 사적 이득은 적어진다. 물론 다변화의 결과로 금융시스템이 더욱 안정적으로 되어 후생이 증가한다면 여전히 사회적 이득은 존재할 수 있다.

소유지배관계를 통한 업무다각화와 수익구조의 다변화로 은행의 위험을 낮출 수 있다는 주장도 있다.(좌승희, 1994) 타 업종과의 업무연계나 겸영이 은행의 건전성 및 안전성을 저해하느냐의 여부는 그 결과가 은행의 효율성 및 수익성에 어떤 영향을 미치느냐와 관련되는 것이다. 이에 대해 좌승희(1992)는 우리나라에서 은행업과 증권업의 겸영이 은행효율성에 미치는 영향을 분석하고 겸영이 은행의 수익성 제고에 기여한다고 결론 내리고 있다. 즉 기술적 측면에서 두 업종 간에 범위의 경제가 강하기 때문에 겸영이 은행업무의 효율성을 제고할 것이라고 주장한다.

## 3. 자본확충의 용이성

산업-금융의 결합으로 금융자본확충이 용이하게 되는 측면이 있다. 금융기관에 대한 소유규제 등으로 인하여 대규모 금융자본이 충분히 형성되기 어려운 경우 산업자본이 충분한 자금력을 바탕으로 금융자본 확충에 기여할 수 있다는 것이다.

이에 따라 은행의 자본제약을 완화하는 방법의 하나로 소유제한을 완화하여 자금사정이 좋은 산업자본이 은행을 인수하도록 허용하는 것을 검토해 볼 수 있다는 것이다. 산업자본의 은행인수를 허용하는 것은 재정적 의미뿐만 아니라 사회후생적 의미도 지니고 있다. 특히 민간제조기업의 은행 지분취득을 허용하여 은행의 자본확충을 용이하게 함으로써 이것이 은행의 시스템위험을 완화하고 공적자금 투입을 감소시킬 수 있어 정부의 예산적자에 대한 압박도 완화할 수 있다는 것이다. 또한 공적자금 투입이 감소함에 따라 공채발행 규모도 작아지므로 미래세대 납세자로부터 오늘의 은행예금자 및 채무자들로의 세대 간 부의 이전(generational wealth transfers)도 피할 수 있다는 장점도 있다.

## 4. 대리인 비용과 기업지배

은행과 산업이 분리되는 경우 자본시장이 분할(dichotomy)되어 은행 산업이나 제조업 부문에서 경영 비효율성이 지속되고 또한 우수한 경영기법의 전수기회도 줄어들게 된다. 본래 현재의 경영자가 기업을 비효율적으로 운영한다면 이 기업은 궁극적으로 좀 더 효율적인 소유자 및 경영자 집단에 의한 인수 합병의 목표가 된다. 그러나 소유규제로 인하여 비금융기업이 은행을 인수할 수 없고 그 반대의 경우도 가능하지 않다면 무능하고 비효율적인 경영자들이 보호를 받게 되고 따라서 대리인 비용이 매우 커질 수 있다. 기업이 은행을 인수할 수 있고 은행이 기업을 지배할 수 있다면 기업지배 측면에서 시장이 이분화되지 않고 효율적일 수 있기 때문에 기존의 경영자들에게는 기업을 효율적으로 운영해야 할 충분한 유인이 존재한다. 만약 경영자들이 기업을 비효율적으로 운영한다면 그 기업이 인수대상이 되거나 경영자가 비효율성으로 인하여 해고를 당할 수 있게 된다. 또한 기업의 인수 및 합병과 관련한 장애물은 비효율적 경영을 보호할 뿐만 아니라 우수한 경영기법의 전수에도 장애요인이 된다.

대리인 비용의 두 번째 영역은 그 비용을 감축하는 데 있어 은행의 특별한 역할이 필요하다는 것이다. 많은 연구자들은 독일과 일본의 경제적 성공이 부분적으로는 은행과 기업 간의 직접적 지분관계 및 주거래은행(main-bank) 대출관계에 기인하는 것으로 인식하고 있다.

현대 은행이론에 따르면 정보의 불완전성과 비대칭성이 존재하는 세계에서 은행은 기업에 자금을 공급하는 대리 감시인으로 간주된다. Fama(1985)가 주장하듯이 대출관계로 인하여 은행은 기업에 대해 특권적 준내부자이면서 정보를 가진 대출자이다. 은행은 기업의 부채와 지분을 동시에 보유함으로써 특권적 채권자(대출자)로 남기보다는 내부자로 되는 경향이 있으므로 기업이 수행하는 프로젝트의 감시를 더욱 철저히 하고 통제할 수 있는 권한도 가진다. 은행이 완전한 내부자로 되면 기업으로부터 은행으로의 정보흐름이 내부화되고 완전해짐에 따라 은행의 자금조달결정이 더욱 효율적이고 적기에 이루어질 수 있는 이점이 있다.

또한 은행이 완전한 내부자로 간주되지 않는 경우라 하더라도 은행이 기업에 대출갱신을 해주는 것은 외부의 회사채보유자 등에게 중요한 기업보증신호로 작용한다. 외부부채보유자 및 주식보유자에게 보증의 성질을 지니는 은행대출결정 이외에도 은행은 제조기업의 지분을 보유할 수도 있다. 즉 은행의 보증기능을 극대화하고 기업의 외부자금조달 비용을 최소화하면서, 프로젝트 위험 측면에서 자금의 최적배분을 달성하도록 하기 위해 은행은 기업의 주식-부채 최적배합을 유지할 수 있다. 일본의 은행-기업 관계에 관한 연구에 의하면 주거래은행 관계를 맺고 있는 기업들은 그렇지 않은 기업에 비해 금융압박 기간 동안 투자프로그램의 수행이 훨씬 용이했다는 실증연구들이 존재한다.

# 제3절 산업-금융 결합의 역기능

산업자본과 금융자본이 결합할 경우 고객과 지배주주 간 이해상충문제, 금융시스템의 안정성 저해, 경제력 집중 및 금융자원 배분의 왜곡 등의 문제가 발생할 수 있다.

특히 금융자본이 고객의 이익보다는 지배주주의 이익을 우선적으로 고려함으로써 대주주와 고객 간의 이해상충문제가 발생한다. 즉 금융자본이 산업자본의 이해에 따라 기업의 무리한 확장이나 위험한 투자 등에 과도하게 동원됨으로써 금융의 건전성 및 안정성을 저해하고 국민경제 전체의 시스템리스크로 확대될 우려도 존재한다. 따라서 금융자본을 지배하는 소수의 산업자본에 경제력이 과도하게 집중됨으로써 자원배분이 왜곡되는 문제가 나타난다는 것이다.

## 1. 고객과 지배주주 간 이해상충

은행과 비금융기업이 동일인에 의해 소유되면 다음과 같은 이해상충의 문제가 나타날 수 있다.[1](Walter, 2003)

첫째, 계열기업에 대한 특혜대출이다. 은행은 계열기업에 대한 대출에 있어서 다른 기업에 비해 유리한 조건, 인수기준의 완화, 특혜적 신용이용, 대출심사 기준 완화 등의 혜택을 줄 수 있다.(Brown 1991)

둘째, 계열기업 고객에 대한 특혜대출이다. 고객(원재료 공급자 및 제품의 수요자)과의 관계가 특히 중요한 역할을 하는 제조업의 경우, 계열기업 고객에 대해 특혜대출을 해줄 수 있다는 사실은 계열기업의 고객관계를 강화하는 데 매우 효과적으로 작용한다.

셋째, 계열기업에 대한 지원이다. 계열기업이 금융곤란을 경험할 때 신용을 공여할 수 있는 계열은행이 존재한다는 사실은 평상시에 특혜대출을 받는 것보다도 더 중요한 역할을 한다는 것을 의미한다.

미국의 경우 은행의 계열기업과의 거래를 제한하는 연방준비은행법(Federal Reserve Act) 23A와 23B를 규정하여 안전장치 또는 방화벽의 역할을 하도록 한다. 그럼에도 불구하고 여전히 은행은 개별계열사에 대해 자기자본의 10%까지 신용을 공여할 수 있고, 전체 계열사에 대해서는 자기자본의 20% 한도 내에서 신용공여를 할 수 있는 등 안전장치로써의 한계를 내포하고 있다.

넷째, 계열기업 경쟁사에 대한 신용거부이다. 여러 은행이 경쟁하고 있는 대도시의 경우에는 이러한 신용거부가 문제가 되지 않으나, 한두 개의 은행만이 영업하는 중소도시의 경우에는 계열기업의 경쟁사라는 이유로 대출거부가 있을 경우 문제가 악화될 수 있다.

은행 간 경쟁이 충분하다면 이러한 잠재적 이해상충의 문제가 발생할 소지가 없을 것이기 때문에 은행-산업의 장벽을 유지하는 것이 정

---

1) 은행이 증권업무를 취급할 경우에 나타나는 금융기관과 고객 간 이해상충의 주요 유형: i) 계열 금융기관 간에 서로의 상품을 우선적으로 고객에서 권유하는 행위, ii) 계열증권사가 발행시장 업무에서의 손실을 만회하기 위해 인수 유가증권을 시장가격보다 높은 가격으로 은행이나 투신계정에 배정하는 행위, iii) 부실여신을 가진 은행이 증권사를 통해 관련 부실기업의 유가증권을 일반 투자가에게 판매하고 여신을 회수하며 증권사는 수수료를 획득하는 행위, iv) 은행이 여신상의 우월적 지위를 이용하여 계열 금융기관의 금융상품 매입을 강요하는 행위 등

당화될 수 없다는 주장이 있다. 일반적으로 경쟁사를 돕는 것은 계열기업의 이윤을 감소시키는 결과를 초래하지만, 은행산업의 경쟁이 충분할 경우 경쟁사에 대해 대출을 거부하는 것이 오히려 결합기업 전체의 이윤을 감소시키는 결과를 초래하므로 대출거부의 문제가 나타나기 어렵다는 것이다.

즉 은행이 대출시장에서 독점력을 가지고 있다면 다른 상품 구매와의 연계대출을 통해 이득을 취할 수 있으나, 시장이 경쟁적이라면 계열사의 고객이 아닌 개인들에게 대출을 거부하는 것은 은행에 손실만 안겨줄 뿐이므로 은행은 대출을 거부할 필요가 없다는 것이다. 한편 현행법은 은행에 의한 연계판매를 불법으로 간주하고 있다.

## 2. 은행산업의 경쟁제한

산업과 은행이 결합하면 여러 가지 형태로 은행산업의 경쟁을 저해하는 결과를 초래한다.

첫째, 은행이 비금융기업과 계열관계를 가지는 경우 차별적 신용접근성(Brown, 1991)으로 인하여 은행산업의 경쟁을 제한하는 문제가 발생할 수 있다. 은행은 유리한 대출조건, 대출심사기준의 완화, 암묵적 금융지원 보장, 고객정보의 이용 등의 형태로 계열 기업을 지원하게 된다.

둘째, 제조기업이 은행을 통하여 고객에 대한 시장지배력을 행사하는 문제이다. 제조업자들의 경우 공급자 또는 고객과 협조적 관계를 구축하는 것이 생산성 향상을 위해 반드시 필요하다. 은행과 계열화된 제조업자는 공급자 및 고객에 대해 신용혜택을 제공할 수 있으므로 은행과 계열관계가 없는 경쟁기업에 비해 경쟁우위에 있다고 할 수 있다.

셋째, 계열기업 경쟁사에 대한 신용거부이다. 은행산업이 과점적일 경우 은행과 산업 간의 결합으로 인해 산업 내에는 과점적 행동이 나타나고 또한 이것이 진입장벽으로 작용할 수 있다.

넷째, 경쟁사 기밀정보의 이용이다. 은행은 대출자로서 다양한 기업 관련 기밀정보를 수집할 수 있으므로, 은행과 계열관계에 있는 기업은 경쟁사의 기밀정보를 부당하게 이용할 수 있다.

다섯째, 은행산업의 경쟁제한이다. 기업이 은행과 계열화되는 경우 이 기업은 은행시장에서 은행서비스를 구매하지 않고 핵심적 은행서비스를 계열은행에 의존함에 따라 다른 은행은 이 분야의 은행서비스 경쟁에서 불리한 상황에 놓이게 된다. 즉 계열화된 은행이 계열기업에 금융서비스를 배타적으로 공급하는 경우 은행산업의 경쟁이 위축될 수 있다는 것이다.[2)

독일에서는 은행과 기업 간의 밀접한 관계로 인해 경쟁이 제한되고 있다. 독일의 은행들은 직접적 지분보유, 개인투자자를 대신한 대리 의결권행사, 이사 및 경영진 임명 등 다양한 형태로 기업을 지배하고 있다. 이와 같은 hausbank의 존재로 인해 과도한 은행대출 의존, 외국은행 진입의 어려움, 독일은행들에게 과다한 이윤 보장 등의 현상이 나타나고 있는 실정이다.

일본의 경우 상호지분보유 및 인적자원의 교류 등으로 은행과 기업이 밀접한 관계를 형성한다. 은행은 기업집단 내의 기업들을 위한 주거래은행(main bank)의 역할을 하면서 기업에 영향력을 행사한다.

---

2) 미국의 은행지주회사법(BHCA) 입법 당시 하원은 동법이 독점력을 방지하고자 한다는 것을 분명히 하고 있으며 상원 은행위원회 보고서는 동법이 은행산업의 국민경제적 중요성을 감안하여 과도한 집중이 바람직하지 않다는 견해를 나타낸 바 있다. 그러나 과도한 집중(undue concentration)이 수평적 집중에 대한 것인지 복합기업(conglomerate)의 집중에 대한 것인지 불분명하므로 독점력 확대가 BHCA의 은행/산업 결합제한에 적용되는지는 명확하지 않다. 수평적 집중은 하나의 은행지주회사가 여러 은행을 결합하여 은행산업의 지배력을 갖게 되는 것을 의미하며, 복합기업의 집중은 하나의 지주회사가 은행과 비은행 회사를 결합하여 이 복합기업이 은행산업과 비은행산업에서 지배력을 갖게 되는 것을 의미한다.

독점력 기준에서 은행과 비은행의 분리를 옹호하는 사람들은 은행이
자신의 상품시장에서 가지고 있는 독점력을 결합기업을 이용하여 다른
분야의 가격인상에 이용할 수도 있다고 주장한다. 이에 따라 미국 의
회는 1999년 금융서비스현대화법(GLBA)을 통과시키면서 대규모 은행
과 대규모 보험 및 증권회사 간의 결합을 허용하였으나 BHCA의 '과
도한 집중'이라는 기준에 따라 대규모 은행과 대규모 비은행 간의 결
합을 여전히 금지하고 있다.


## 3. 손실전가에 의한 안전망 위험

금융안전망을 위협하는 요인은 매우 다양한 형태로 존재한다.(Walter,
2003) 이러한 위험요소로 인해 은행실패의 가능성이 증가하고 납세자
부담이 되는 구제금융조치로 이어질 수도 있다. 안전망에 대한 위험은
(1) 결합기업의 평판을 유지할 목적으로 은행에 손실을 전가하고, (2)
주주 유한책임의 이점을 이용하여 손실을 은행에 전가하거나, (3) 결합
기업의 위험자산을 은행으로 전가하는 형태로 나타나고 있다.

### 1) 평판유지 목적의 손실전가

은행-산업의 결합이 허용된다면 지주회사는 일반자회사의 손실을 은
행에 전가함으로써 투자자나 투자분석가들로부터 자회사의 손실을 은
폐할 수 있고 이것이 은행의 안전성을 해치는 결과를 초래할 수 있다.
손실은폐를 통해 지주회사는 기업의 경영능력과 운영상의 위험 등에
관한 부정적 정보가 누출되지 않도록 함으로써 이득을 볼 수 있다는
것이다. 부정적 평판이 드러나면 채권자들이 높은 이자율을 요구하여
기업의 장기이윤이 감소하게 된다.

은행 건전성에 손상을 입히는 평판방어를 위한 전가는 두 가지 조건이 충족될 때 발생할 수 있는데, 그 첫째 조건은 제조자회사가 부도에 이를 정도로 큰 손실을 겪어야 하고 둘째는 은행으로 손실이 전가되더라도 그것이 은행의 부도로 이어지지 않아야 한다는 것이다. 제조자회사의 손실이 부도로까지 이어지지는 않더라도 그 규모가 상당히 클 때 그러한 손실은 대규모의 은행자회사에게로 전가될 수 있다. 그런데 이러한 전가는 은행이 일반적으로 규모가 크고 재무제표가 불투명하여 손실 은폐가 용이하기 때문에 발생한다.

그러나 손실전가에 대한 유혹이 있다는 것 자체만으로는 은행-산업 분리의 이유가 되지 못한다는 주장이 있다. 즉 제조자회사의 자본이 은행 자본을 초과하는 상황에서는 제조자회사의 손실을 은행으로 전가하는 이득이 없으며, 대신 은행이 손실을 낸다면 은행지주회사는 은행 손실을 제조기업에 전가함으로써 이득을 볼 수 있다. 따라서 은행-산업 계열화의 금지가 반드시 은행안전성을 제고한다거나 납세자와 예금보험공사(FDIC)를 보호하는 것이 아니라는 것이다. 또한 은행과 은행계열 제조기업의 채권자는 손실을 은폐하기 위한 손실전가의 가능성을 파악할 수 있으므로 채권자들은 손실을 전가하는 계열기업에 대해서는 높은 이자율을 요구할 수 있다. 또한 계열 제조기업의 위험이 증가한다면 은행채권자들은 손실전가 가능성을 고려하여 추가적인 위험프리미엄을 요구할 수도 있다. 그러나 현실적으로 손실전가의 가능성이 이자율에 반영되기는 어렵고, 은행시장은 아직도 충분히 경쟁적이지 못하다는 문제가 남아 있다.

## 2) 유한책임을 이용한 손실전가

주주의 유한책임성을 이용하여 지주회사는 자본규모가 큰 자회사의 손실을 자본규모가 작은 계열은행으로 전가하여 이득을 볼 수 있다.[3]

지주회사는 계열은행이 파산하면 평판이 나빠져 장래의 차입비용이 상승하는 문제가 나타나고 또한 이러한 전가 자체가 불법이기 때문에 이와 같은 주주의 유한책임성을 이용하여 전가를 할 가능성은 낮다. 이러한 유형의 전가가 나타나는 또 다른 경우는 은행의 채권자인 예금자와 일반기업의 채권자가 비은행 계열기업이 갖는 위험에 대해 서로 다른 입장을 보일 때이다. 즉 예금자들은 예금보험의 보호를 받고 있으므로 비은행 계열기업이 가지는 위험에 대해 무차별하지만 일반기업의 채권자들은 위험이 커짐에 따라 더욱 높은 이자를 요구하게 된다.

일반적으로 제조기업의 손실이 은행으로 전가되는 경향이 있다. 이것은 은행의 건전성에 손상을 주어 FDIC의 공적자금 투입과 납세자의 부담 증가로 이어지므로 주주의 유한책임성을 이용한 전가는 은행-산업 분리의 주된 이유로 작용한다. 다른 한편 계열기업의 손실을 은행으로 전가할 가능성이 높다면 기업의 채권자는 낮은 이자를 요구하게 되어 이 계열기업은 경쟁력이 높은 것으로 간주되고, 따라서 과다한 투자자본이 동 기업으로 흘러들어가 경제적 자원을 낭비하는 결과를 초래하므로 이것은 또 다른 은행-산업 분리의 근거로 볼 수 있다.

### 3) 위험자산의 전가

은행-산업의 결합으로 위험자산이 일반기업으로부터 은행으로 전가될 가능성도 있다. 이러한 전가는 은행의 위험을 증가시켜 예금보험기금에 대한 위험요인으로 작용하며, 따라서 은행-비은행의 결합을 반대하는 이유가 될 수 있다. 일반제조 자회사를 거느린 은행지주회사는

---

3) 예로써 A지주회사가 순 자산가치 100조 원의 B기업과 순 자산가치 5조 원의 C은행을 소유하고 있는 상황에서 B기업이 10조 원의 부실채권을 보유하고 있을 때 A지주회사는 이 채권을 C은행이 인수하도록 한다. 이때 C은행이 파산하면 A지주회사는 지분만큼인 5조 원의 손실을 입지만 나머지 5조 원의 손실을 회피할 수 있다. 왜냐하면 FDIC가 C은행에 5조 원의 공적자금을 투입해야 하고 이것은 궁극적으로 다시 납세자의 부담이 되는 것이다.

총 자금조달비용을 줄이기 위해 이와 같은 전가를 시도할 수 있다. 일반기업은 보험혜택이 없는 채무증서발행을 통해 자금을 조달하는 데비해, 은행은 보험 가입이 된 예금증서 발행으로 자금을 조달하는 차이가 있으므로 지주회사가 일반제조 자회사의 위험자산을 은행에 전가함으로써 자금조달비용을 줄일 수 있다. 이러한 위험전가는 은행이 일반기업의 자산을 시장가격 이하로 매입함으로써 손실을 전가하는 행위로 나타날 수 있는데, 이것은 예금보험 프리미엄과 감독당국의 벌과금이 은행의 위험에 대해 민감하지 못하기 때문이다.

은행의 위험자산 보유비용이 일반제조기업보다 낮다면 계열화와 상관없이 위험자산은 은행으로 흘러 들어가게 되어 있으므로 이러한 위험전가는 은행-산업 분리를 정당화하지 못한다. 은행의 예금보험료가 지나치게 낮아서 은행의 위험자산 보유비용이 제조기업에 비해 상대적으로 매우 낮다면 은행은 동일한 위험자산에 대해 제조기업보다 높은 가격을 지불하려고 하므로 계열화와 관계없이 위험자산은 제조기업에서 은행으로 이전될 수밖에 없다는 것이다.

## 4. 금융기관의 사금고화

무엇보다도 우리나라의 재벌들은 그동안 차입경영에 익숙하여 자기자본비율이 매우 낮은 취약한 자본구조를 가지고 있었으므로 산업자본의 은행지배 시 사금고화의 우려가 매우 컸다. 재벌들은 자금사정이 악화될 경우 1990년대 과잉투자시기와 외환위기를 전후한 경영악화 국면에 했던 것처럼 최후의 수단으로 제2금융권 계열금융기관을 통해 불법적으로 자금을 조달할 유인이 매우 클 것으로 예상된다.(김광묵) 현실적인 측면에서 투자수단으로서 은행의 수익성이 높지 않은데도 불구하고 재벌이 지속적으로 은행지배의 허용을 요구하는 이면에는 바로 이러한 점이 작용한 것으로 볼 수 있다. 은행지배를 통해 얻을 수 있는 이득과 잠재적인 안전망에 대한 기대가 반영되어 있다는 것이다. 그러나 이러한 은행의 사금고화는 해당 은행의 경영부실과 파산 가능성을 높이고, 궁극적으로 금융시스템의 안정성과 전체 국민경제를 위협하는 결과를 초래한다. 그리고 재벌기업의 은행지배가 허용될 경우, 재벌들이 이미 진출한 증권·보험 등의 금융기관과 은행이 연계됨에 따라, 이들 금융기관과 고객 간의 이해상충의 문제가 더욱 확대될 가능성도 있다. 산업-은행 결합의 문제점들을 대주주에 대한 여신제한 및 감독강화 등으로 보완할 수 있다는 견해들도 있지만, 아직까지는 감독기관의 능력을 신뢰하기는 어려운 상황이다.

사금고화와 관련하여 은행의 안전성 문제가 대두됨에 따라 전통적 대응방안인 동일인 여신한도의 엄격한 적용 및 경영진 간의 상호연계 정도를 일정수준에서 제한하는 방식이 대두되고 있다. 그러나 사금고화 문제는 금융 소유집중이 배제되더라도 대출집중 가능성이 존재하는 한 발생할 수 있는 것이다.

사금고화의 근본원인은 진입제한 등 각종 금융규제와 보호장치 또는 규제적 산업정책 등으로 인하여 금융산업뿐만 아니라 관련 비금융산업이 독과점화하여 렌트 추구 가능성이 존재하기 때문이다. 즉 금융산업이나 비금융산업에서 경쟁이 치열하다면, 소유연계 비금융기업에 시중금리 이하로 특혜대출을 제공한 은행이나 단지 소유연계 때문에 비효율적인 비금융기업에 편중대출을 하는 은행은 경쟁에서 도태될 것이 자명하다.

## 5. 금융감독 부담의 증대

최근 금융산업은 업무영역의 확대와 복합금융기업의 거대화로 금융감독에 어려움이 커지고 있다.

은행과 일반기업을 동시에 지배하는 지주회사의 자본적정성은 모기업인 지주회사에 대한 것이 아니라 결합재무제표 기준이어야 한다.(Brown, 1991) 일반기업들은 자기자본비율에 대한 규제가 없으므로 감독당국은 일반기업과 계열화된 은행의 자기자본비율에 대한 기준을 설정할 필요가 있다. 결국 은행이 일반기업과 계열화되는 경우 은행지주회사를 감독하는 것보다 더 큰 부담을 갖게 마련이다.

제조기업의 경우 금융기관에 비해 수익구조와 비용구조가 매우 복잡하고 다양하므로 금융감독기관이 제조기업을 분석하는 데는 많은 비용과 노력이 필요하다.(Walter, 2003) 왜냐하면 증권 보험사에 비해 제조업 계열사에 대한 상부감독(umbrella supervision)이 훨씬 어렵기 때문이다. 증권회사와 보험회사의 경우 금융감독기관에 의해 오랫동안 엄격한 규제를 받아왔으며, 특히 보험사는 정기적인 건전성 조사를 받는다. 이에 비해 제조기업의 경우 규제가 매우 적고 정부기관의 감독을 받지 않는 것이 일반적이다. 은행과 계열화된 제조기업이 금융기관과 유사한 규제와 감독을 받도록 하기 위해서는 엄청난 비용이 수반된다. 상장기업의 경우 많은 재무정보를 공시해야 하므로 이를 통해 건전성을 판단할 수 있지만 이와 같이 공개된 정보는 민간투자자들이 투자여부를 결정할 때 이용하는 정보에 비해 매우 부정확하고 불완전한 것이 현실이다.

# 제3장
## 주요국의 산업-금융관계에 관한 제도비교

# 제 1 절 개요

산업자본과 금융자본 간의 관계는 각국의 산업화 과정 내지는 자본
주의 발달과정과 밀접한 관련이 있다.

가장 먼저 산업혁명을 시작한 영국의 경우 일찍부터 자본시장이 발달
하여 산업자본이 필요자금을 자본시장에서 비교적 용이하게 조달함에 따
라 산업자본이 은행을 지배할 유인이 적었다고 볼 수 있다.(한국은행,
1999) 미국의 경우도 영국과 마찬가지로 산업화의 초기단계에서부터 자
본시장이 발달하여 필요자금을 직접금융방식에 의존할 수 있었으며, 증
권보유의 대중화와 더불어 기관투자가가 잘 발달하여 산업자본이 은행을
소유·지배할 유인이 크지 않았다. 미국과 영국의 경우 은행과 기업의
소유구조가 분산되어 있으며, 상호지배구조에 직접 관여할 수 있는 수단
도 없으므로 은행과 산업자본이 간격유지관계(arm's length relationship)
를 형성하였다.

이에 비해 독일과 일본의 경우 자본축적이 미약한 후발 산업국가로
서 은행들이 산업자금 공급의 중심적인 역할을 수행함으로써 산업자본
은 은행을 소유할 수 없었으며 오히려 은행이 산업자본을 지배하는 형
태를 취하였다. 1850년대를 전후로 설립된 독일의 은행들은 기업의 설
립단계에서 대출 및 출자를 통해 기업에 자금을 제공하였다. 이러한
과정에서 은행은 산업과 긴밀한 결합관계를 형성하였고, 제1차 세계대
전 이후 독일 은행들은 Hausbank 관계의 형성을 통해 기업지원을 확대
하면서 산업자본에 대한 지배를 정착하였다고 볼 수 있다. 일본의 경
우 1890년 제정된 은행조례에서 타 업무와의 겸영금지가 없었으므로
은행들은 1927년 은행법이 제정될 때까지 상공업에 대한 자금대출업무
등을 광범위하게 취급하였으며, 이에 따라 은행을 중심으로 재벌형성이
촉진되고 은행의 산업자본에 대한 지배력은 강화되었다. 독일과 일본의

경우 은행이 기업주식을 지배목적으로 보유하며, 기업 지배구조에 개입할 수 있는 수단을 갖고 있어 은행이 산업자본을 지배하는 관계가 형성되었다.

다음에서는 산업자본과 금융자본의 관계를 은행과 비금융기업 간의 관계로 규정하고 은행의 비금융기업에 대한 규제제도 및 비금융기업의 은행소유 관련 제도를 미국, 일본 및 EU 국가들로 구분하여 살펴보고자 한다. 특히 EU의 경우 EU 전체를 총괄하는 지침서를 기초로 각국의 금융규제제도가 만들어져 있으므로 지침서에 따른 EU 수준의 규제제도를 고찰한 후 각 나라별로 규제제도를 고찰하고자 한다.

# 제 2 절 미국

## 1. 은행-산업관계의 형성배경

미국은 견제와 균형을 근간으로 하는 헌법 정신, 권한의 집중을 기피하는 정치적 특성, 경제력 집중에 대한 국민들의 전통적 거부감 등으로 인하여 은행은 처음 설립될 때부터 비금융활동이 금지되었고 산업자본의 은행소유도 법적으로 엄격히 규제되었다.(한국은행, 1999) 따라서 독립전쟁(1775~1783년) 당시 설립되기 시작한 주법은행(state bank)의 은행업 특허장(banking charter)에 물품거래의 금지를 명시하였다. 이는 정부로부터 은행권 발행이라는 특권적 지위를 부여받은 주은행이 상공업까지 겸영할 경우 경제력 집중이 초래될 수 있다는 우려를 반영한 것이다. 또한 각 주 정부는 은행의 상공업 활동을 금지하는 정책 취지에 맞추어 상공업을 영위하는 산업자본의 은행소유도 엄격히 규제되었다. 1837년 이후 각 주에서 자유은행법(free banking law)을 제정하면서 은행업 진입규제, 은행권 발행 등을 크게 완화하였으나 은행의 상공업 활동은 여전히 금지되고 있다.

자유은행법하에서 은행권 남발 등으로 은행의 신뢰도가 저하되자 1864년 전국은행법(National Banking Act)을 제정하여 전국은행이 기업의 출자자(partner)가 되거나 기업경영에 개입할 수 없도록 하고 투자목적의 주식 매입도 할 수 없도록 함으로써 은행업과 산업자본 간의 분리원칙을 유지하였다. 그러나 1870년대 이후 철도, 철강업 등을 중심으로 한 트러스트(trust)에 의해 독점기업이 형성되는 과정에서 산업자본과 금융자본 간의 결합관계가 나타나기 시작하였다. 또한 전국은행들은 1900년대 들어 증권회사와의 계열화 등의 방법으로 투자은행업을 영위함으로써 산업자본과 간접적인 결합관계를 가지게 되었다. 이로 인해 경제력 집중 문제가 나타나자 1914년 독점금지법인 Clayton법을 제정하여 은행과 산업자본의 상호지배를 규제하였다. Clayton법은 투자목적의 주식매입과 모회사의 사업수행과 관련된 자회사의 주식취득 등을 제외하고는 타 기업의 주식취득을 제한함에 따라 은행과 산업자본의 상호진출을 규제하였다.

한편 1927년 McFadden법의 제정으로 은행이 주식 및 채권의 인수 업무를 직접적으로 영위하는 것도 가능한 데 비해, 주법은행은 2개 주 이상에서 동시에 은행업을 할 수 없도록 하는 주간영업규제가 시행되었다. 그러나 대공황으로 은행이 연쇄 도산함에 따라 1933년 Glass-Steagall Act를 제정함으로써 은행은 국공채를 제외한 유가증권의 인수 및 매매 업무를 취급할 수 없고 증권회사와의 계열관계도 금지하는 등 은행업과 증권업의 분리를 명시하여 은행업과 산업자본의 결합을 금지하였다. 이후 1956년 은행지주회사법(Bank Holding Company Act)을 제정하여 은행지주회사의 주식을 소유하고자 하는 자는 은행업과 관계가 없는 회사의 주식을 보유할 수 없도록 함으로써 산업자본의 은행 진출을 원천적으로 봉쇄하였다. 세계 금융시장의 변화로 금융기관이 대형화와 겸업화로 이행하는 추세에 따라 은행관련 규제완화의 필요성을 느끼고 1994년 Riegle-Neal Act를 제정하여 주간규제를 폐지하였다.(전삼현, 2001)

## 2. 은행의 기업투자에 관한 규제

미국에서는 은행자본과 산업자본이 결합할 경우 경제력이 집중될 것이라는 우려가 있어 왔으므로 경쟁을 제한하는 기업결합을 금지하였고 Glass-Steagall Act(1933년)와 은행지주회사법(Bank Holding Company Act, BHCA, 1956년)을 통하여 산업자본과 금융자본을 분리하였다.(전성인, 2004) 1999년 개정된 금융서비스현대화법(Gramm-Leach-Bliley Act, GLBA)에서는 Glass-Steagall Act의 4개 조항 중 자회사 방식의 겸업을 제한하는 2개 조항을 폐지함으로써 금융지주회사를 허용함과 동시에 업종 간 규제도 완화하였다.4) 그러나 이러한 규제완화에도 불구하고 금융과 산업의 분리에 대한 정책의 근간은 그대로 유지하고 있다.

미국에서는 전통적으로 은행의 업무영역에 대한 제한이 엄격한 편이다. 은행지주회사(BHC)는 은행이 아닌 회사의 의결권 있는 주식을 새로이 소유하거나 지배할 수 없고 은행지주회사가 된 이후 2년 이후부터는 은행이나 은행지주회사가 아닌 회사에 대한 지배를 유지해서는 안 되며, 은행업이나 은행업과 밀접한 관련이 있는 업무 이외의 업무를 영위해서도 안 된다.(12 USC §1843(a)(1)(2)), 즉 Glass-Steagall Act는 기본적으로 은행의 증권업무를 고객의 계산에 의한 유가증권의 매매(즉 위탁매매 및 중가업무: brokerage)로 제한하고, 유가증권 인수업

---

4) 미국에서 GLBA가 제정되었다 하더라도 은행지주회사법이 폐지된 것은 아니므로 금융지주회사로의 전환요건을 충족하지 못하는 경우 은행지주회사로 잔존하면서 은행지주회사법의 적용을 받는다. 그리고 금융지주회사로 전환하는 경우 은행지주회사법과 금융지주회사법을 병행하여 적용받게 된다.(전성인, 2004)

무(underwriting)나 자기의 계산에 의한 유가증권의 매매업무(즉 자기매매업무: dealing)를 금지하고 있다.

그러나 글래스-스티걸법은 몇 가지 예외 조항을 두고 있었는데, 첫째, 은행은 채권 또는 어음 등 시장성 있는 투자증권에 대해서는 자기계산으로 매입할 수 있으며, 둘째, 국채, 지방채, 기타 국공채 등에 대해서는 매입, 인수, 자기매매를 할 수 있다.[5]

이외에 글래스-스티걸법은 증권회사가 예금업무를 영위하는 것을 금지함으로써 증권회사의 은행업무를 금하고 있으며,[6] 또한 증권회사의 임직원이 은행의 임직원을 겸하는 것을 금지하고 있다.[7] 한편, 최근 금융개혁법이 제정되기 전까지는 은행이 증권회사와 계열관계를 갖는 것을 금지하여 은행과 증권회사의 분리원칙을 지키고 있었다.[8]

또한 은행지주회사는 은행업과 관련이 없는 영업을 영위하는 회사의 주식 5%를 초과하여 보유할 수 없다.

글래스-스티걸법이 제정된 이후, 투자은행 및 기타 비은행금융기관이 예금과 유사한 상품(money market funds 등)을 개발하여 은행의 업무영역을 침범함에 따라 글래스-스티걸법에 의하여 증권업무를 할 수 없게 된 은행은 상대적으로 경쟁력이 약화되었으며 이에 따라 은행은 업무영역을 넓히기 위한 노력을 계속하여 왔다.[9] 즉 은행은 은행감독기관에 글래스-스티걸법에서 명백히 금지하고 있지 않은 비은행업무를 허용해 줄 것을 요청하였고, 이에 호응하여 은행감독기관과 법원은 은행에 호의적인 법해석을 함으로써 은행은 제한적이나마 증권업무의 범위를 확장해 나갈 수 있었다.[10]

---

5) Glass-Steagall Act, sec 16.
6) Glass-Steagall Act, sec 21.
7) Glass-Steagall Act, sec 32.
8) Glass-Steagall Act, sec 20 참조. 즉 금융개혁법의 제정으로 은행과 증권회사 간의 자회사를 통한 계열관계를 유지할 수 있게 되었다.
9) Don More, Note, "The Virtues of Glass-Steagall: An Argument against Legislative Repeal," Columbia Business Law Review, 1991, p. 437.
10) Don More, Note, 1991, p. 438.

더 나아가 은행의 경쟁력을 향상시키기 위해서는 글래스-스티걸법을 폐지하여 은행의 겸업화를 전면적으로 허용해야 한다는 주장도 계속 제기되었다. 이러한 글래스-스티걸법의 폐지를 주장하는 학자들은 그 근거로서, 첫째, 대공황 시 많은 은행의 파산이 은행이 증권업무를 겸업하였기 때문에 발생하였다는 근거를 찾아보기 어렵다는 것이며, 둘째, 증권업무가 일반적인 상업은행업무보다 리스크가 더 크지 않다는 것이고, 셋째, 은행의 증권업무 허용은 은행을 더 경쟁력 있는 금융기관으로 만든다는 것이며, 넷째, 글래스-스티걸법은 상업은행들을 이용하여 투자은행을 보호하기 위한 정치적인 목적에서 제정되었다는 것이다.[11]

그래서 1999년에 의회를 통과한 GLBA에 의해 은행 업무영역 제한이 부분적으로 완화되고 있다. GLBA에 의하면 금융지주회사(FHC)는 은행업과 증권업을 영위하는 자회사를 둘 수 있도록 하여 겸업을 인정하고 있다.

그리하여 미국에서는 지난 1980년대 이후 은행의 증권업무 진입 등을 통한 업무다각화나 종합금융그룹화를 추구하는 사례가 잇따랐으며, 최근까지 이러한 종합금융그룹화를 지향하고 있는 대표적인 금융기관은 Citigroup와 J.P. Morga Chase를 들 수 있다.

새로이 출범한 금융지주회사(FHC)는 종전의 2년보다 상당히 긴 10년의 기간 동안 비금융업을 영위할 수 있다. 이 기간 동안 산업자본으로서의 활동 비중이 15% 이하를 유지하도록 하고 있다. 이 기간 중 12 USC §1843(a)의 금지규정에도 불구하고 다음의 조건을 충족하는 경우 은행업이 아닌 일반적인 상업활동을 영위할 수도 있다.(12 USC §1843(n))

(i) 1999년 9월 30일 현재 영위하던 영업활동으로
(ii) 근본적으로 금융업종에만 종사해야 하고

---

11) Don More, Note, 1991, p. 220.

(iii) 일시적으로 용인되는 영업활동을 합병 등의 방법으로 확장해서
는 안 되고

(iv) 지주회사의 자회사인 예금기관의 수입을 제외한 총수입에서 일
시적으로 허용된 영업활동으로부터의 수입이 차지하는 비중은
15%를 초과해서는 안 되며

( v ) 지주회사 내의 예금기관이 경과규정상의 비은행업무와 관련한 마
케팅을 하거나, 다른 자회사가 예금기관의 상품을 판매해서는 안
되고

(vi) 지주회사 내의 예금기관은 방화벽에 의해 금지되고 있는 거래를
비금융업 자회사와 할 수 없으며

(vii) 원칙적으로 10년 이내에 비금융업 관련 업무를 완전히 종료해야
한다는 것이다.

기한에 구애됨이 없이 금융지주회사가 비금융업을 영위하기 위해서
는 동 업무의 비중이 결합재무제표 기준으로 5% 미만이어야 한다.
연방준비은행법(FRA)은 은행과 산업 간의 방화벽 규정을 두고 있다.
Section 23A에 의하면 은행과 한 계열회사 간 대출 및 자산거래의 규
모는 은행자본의 10%를 초과할 수 없고 계열회사 전체와의 거래는 은
행자본의 20%를 초과할 수 없다. Section 23B에 의하면 은행은 계열회
사 대출조건을 시장기준에 맞추도록 하고 있다.[12] 그러나 방화벽은 일
반계열회사의 손실을 은행으로 이전하는 경우만을 금지하며 은행손실
을 계열사로 이전하는 것은 금지하지 않는 문제가 있다. 역사적으로
방화벽은 완전하지 못하다는 것이 증명되었고 계열화 자체가 법률에
의해 제약을 받아왔으므로 계열화의 문제가 제대로 검증을 받을 기회
조차 없었다.(Walter, 2003)

---

12) 방화벽 위반 시 은행, 경영진 및 이사진 등에 대해 막대한 벌과금을 부과하고
있다.

## 3. 비금융기업의 은행투자 규제

미국은 은행지주회사법(BHCA)상에서 산업자본이 은행을 소유하는 것을 제한하고 있다. 12 USC §1842(a)에 의해 어떤 회사가 결과적으로 은행을 지배하게 되는 다음과 같은 행위를 하기 위해서는 연준(FRB)의 허가를 받아야 한다.

( i ) 결과적으로 은행이 어떤 은행지주회사의 자회사가 되도록 하는 행위
(iii) 은행지주회사가 어떤 은행의 주식을 취득한 결과 해당 은행의 의결권 있는 주식의 5% 이상을 직접 또는 간접적으로 소유하거나 지배하게 되는 경우
(iv) 어떤 은행지주회사나 은행이 아닌 그 자회사가 어떤 은행의 자산의 일정부분 이상 또는 거의 대부분을 취득하는 행위
( v ) 어떤 회사가 은행지주회사가 되도록 하는 행위
(ii) 결과적으로 그 회사가 다른 은행지주회사와 합병하는 경우

연준은 주식매수가 다음의 결과를 초래한다고 인정하는 경우 주식매수계획을 거부할 수 있다.

o 독점적 지위 또는 경쟁제한적 결과를 가져올 것으로 예상하는 경우
o 경쟁제약으로 공공의 이익이 저해된다고 판단하는 경우
o 인수자의 재무상태로 인해 은행의 건전성이 저해되거나 예금자의 이익이 저해된다고 판단하는 경우
o 인수자의 능력, 경력, 성실성이 공공의 이익이나 예금자의 이익에 반한다고 판단하는 경우
은행지주회사법상의 은행지주회사(BHC)는 은행을 지배하거나 또는

동법에 의한 은행지주회사를 지배하거나 지배하게 된 모든 회사로 정
의하고 있다.(12 USC §1841(a)(1)) BHCA에서 어떤 회사가 은행 또는
다른 회사를 지배한다는 것은 다음 세 가지 중 하나가 성립하는 경우
이다.(12 USC §1841(a)(2)A,B,C)

   (i) 어떤 회사가 은행이나 회사가 발행한 어떤 종류의 의결권 있는
       주식 총수의 25% 이상을 직접 또는 간접으로 소유 내지는 지배
       하거나 의결권을 행사할 수 있는 경우
   (ii) 어떤 회사가 은행이나 회사 이사(directors or trustees)의 과반수
       선출에 지배력을 행사하는 경우
   (iii) 연준(Fed)이 어떤 회사가 은행 또는 회사의 경영이나 정책에 직
       접 또는 간접적으로 지배적인 영향력을 행사하고 있다고 결정하
       는 경우

   어떤 회사가 은행 또는 회사의 의결권 있는 주식을 5% 미만으로 보
유하고 있는 경우에는 원칙적으로 당해기관을 소유하지 않는 것으로
간주한다.(12 USC §1841(a)(3))
   미국의 은행지주회사법(BHCA)에 의하면 어떤 회사가 은행을 지배하는
가의 여부는 첫째, 은행의 의결권 있는 주식을 25% 이상 소유하는 경우
지배하는 것으로 간주하고, 둘째, 은행의 의결권 있는 주식을 5% 미만으
로 소유하는 경우 감독당국이 특별히 입증하지 않는 한 지배하지 않는 것
으로 간주하며, 셋째, 5% 이상 25% 미만으로 소유하는 경우 감독당국이
재량권을 가지고 판단하는데 원칙적으로 지배로 간주되는 경우가 많다.
   <표 3-1>은 미국 주요 은행의 대주주 분포현황을 보여주고 있는데,
가장 특징적인 것은 1% 이상 대주주의 수가 많고 최대주주의 비중은
상대적으로 적다는 것이다. 또한 은행-산업 분리원칙에 따라 산업자본
이 1% 이상 대주주가 되는 경우는 매우 드문 것으로 확인된다.

〈표 3-1〉 미국 주요은행의 대주주 분포현황

| 은행 | 5% 이상 대주주 | 1%-5% 대주주 | 1% 이상 산업자본 대주주 |
|---|---|---|---|
| JP MORGAN CHASE & CO. | 0 | 13(29.33) | 0 |
| BANK OF AMERICA CORPORATION | 5(35.05) | 16(33.40) | 0 |
| CITIGROUP INC | 0 | 12(23.61) | 0 |
| WACHOVIA CORPORATION | 1(5.01) | 11(20.69) | 0 |
| WELLS FARGO & COMPANY | 0 | 15(31.28) | 0 |
| SUNTRUST BANKS, INC. | 0 | 16(38.55) | 0 |
| US BANCORP | 0 | 11(23.13) | 0 |
| BANK OF NEW YORK COMPANY, INC. | 1(6.09) | 15(26.75) | 1(1.02) |
| STATE STREET CORPORATION | 1(5.00) | 18(39.60) | 4(11.6) |

자료: OSIRIS(2005)

# 제 3 절 일본

## 1. 은행-산업관계의 형성배경

일본의 경우 재벌의 형성과정과 제1·2차 세계대전을 거치는 동안 은행의 산업자본에 대한 지배력이 확대되어 왔다.(한국은행, 1999)

메이지시대(1868~1912)에 처음으로 은행이 설립될 당시 상인 및 지주 등이 이에 적극 참여하게 되었다. 이들 은행은 1890년 일본 최초의 상법이 공포된 이후 기업 설립이 촉진됨에 따라 기업의 부동산 등을 담보로 상공업에 대한 운전자금뿐만 아니라 설비자금까지도 대출할 수 있었다. 일본의 은행들은 당초 단기예금으로 단기대출을 하는 영국의 상업은행을 모델로 하였으나, 민간의 자본축적이 불충분한 상황이었기 때문에 장기설비자금도 공급하는 대륙형 모델을 절충하였다. 또한 1890년 제정된 은행조례에서 타 업무와의 겸영을 금지하지 않았으므로 1927년 은행법이 제정될 때까지 은행은 상공업 및 증권할인업무 등을 광범위하게 취급하였으며, 이에 따라 은행을 중심으로 재벌이 형성되는 과정에서 은행의 산업자본에 대한 지배력은 강화되었다. 한편 1890년대 말에는 장기산업금융의 지원을 위해 특수은행이 설립되기 시작하였다.

1900년대 들어서는 중공업의 발전과 계속되는 전비조달의 필요성에 따라 중소은행의 정리 및 은행 간 합병 등을 통한 은행의 대형화와 지점망 확충이 제2차 세계대전 종전 시까지 지속적으로 추진되었으며 그 결과 은행산업이 재벌계 대형은행을 중심으로 재편되었다. 청일전쟁(1894~5년) 및 러일전쟁(1904~5년) 이후 재벌계 대은행이 중소은행을 흡수, 합병하기 시작하였으며 그 후 1920년 은행조례 개정, 1927년 은행법 개정, 1942년 금융사업정비령 등 일련의 조치에 의해 은행의 합병이 촉진되었다. 특히 은행법 개정에 따라 은행의 조직형태가 주식회사로 규정되어 재벌계 기업의 은행에 대한 영향력은 축소될 수밖에 없었다.

재벌계 대형은행은 만주사변(1931년)과 중일전쟁(1937년), 제2차 세계대전을 거치는 동안 산업자본에 대한 영향력을 확대하였으며 전후에도 계열기업융자 및 출자관계로 기업의 자본축적과 계열 형성에 중심적 역할을 수행하였다. 1940년대 들어서는 군수산업에 대한 대출을 뒷받침하기 위해 지정금융기관제도[13]가 도입됨에 따라 주거래은행(main-bank) 제도가 형성되게 되었다. 제2차 세계대전 이후 연합군사령부는 자본주의의 중추적 신용기구로서의 역할을 중시해 재벌계 대형은행을 재벌해체 대상에서 제외하였다.[14] 전후 재벌해체과정에서 재벌계 대형은행이 제외됨에 따라 전쟁 이전의 재벌은 1950년대 들어 은행을 중심으로 주식 상호보유와 융자, 인적관계 등을 통해 계열집단(keiretsu)으로 부활하였다.

한편 OECD 가입(1964년) 후 수차례에 걸친 자본자유화 조치에 따라 외국인에 의한 자본잠식을 우려한 일본 기업들이 금융기관 등 법인주주의 지분율을 적극적으로 확대함으로써 은행 등 금융기관의 기업 주식보유비율이 크게 상승하였다. 금융기관에 의한 상장기업 주식보유비율이 1949년 9.9%에서 1970년에는 32.3%로 상승하였다.

일본에서는 제2차 세계대전 이후 재벌해체와 아울러 지주회사도 엄격히 금지되어 왔으나 1997년 독점금지법 개정으로 순수지주회사의 설립 및 전환을 허용하고 1998년에는 "금융지주회사정비법"을 제정하였다. 동법은 은행, 보험 또는 증권회사를 자회사로 두고 있는 금융지주회사에 대하여 경영의 건전성 확보, 투자자 보호 등을 위해 감독상의 조치를 모색하고자 은행법, 보험업법, 증권거래법 등을 각 법률로 개정하지 않고 단일법률을 제정하여 개정한 것이다.(전삼현, 2001)


## 2. 은행의 기업투자에 관한 규제

은행산업 및 증권산업을 분리하고 있는 현재의 일본 은행제도는 1948년 미국의 글래스-스티걸법을 본받은 증권거래법을 제정하면서 확립되었다.[15] 이러한 엄격한 분리는 1980년대에 들어오면서 신은행법이

---

13) 지정금융기관제도는 군수산업에 대한 대출이 간사은행(manager bank) 주도의 신디케이트 대출을 통해 이루어지는 것을 말함.
14) 재벌해체의 구체적 조치로서 지주회사의 해체, 재벌가족의 기업 지배력 배제, 주식소유의 분산화, 경제력 집중의 배제 등의 조치가 취해짐.

1981년 제정되고 증권거래법 제65조[16)가 개정되면서 완화되었다. 즉 신은행법의 제정에 의하여 은행의 업무 확장이 이루어졌는데, 구체적으로는 국채의 매매 및 위탁판매, 국채의 인수 및 판매, 기업어음(CP) 및 양도성예금증서(CD) 등 단기금융상품, 그리고 은행업무에 관련되는 다른 업무 등이 허용되었다.[17) 또한 증권거래법 제65조의 개정에 의하여 은행도 주식 및 회사채의 위탁매매 및 자기매매가 가능하게 되었다.[18)

한편 은행 및 증권회사는 은행업무와 증권업무를 분리하는 증권거래법 제65조의 허점을 이용하여 그들의 업무영역을 확대할 수 있는 길을 모색하였다. 즉 증권거래법 제65조는 은행이 증권회사를 소유하는 것을 완전히 금지하지 않았기 때문에, 은행은 비록 증권회사 소유한도가 5%였지만 다른 주주들과 합하여 증권회사를 지배할 수 있게 되었으며, 또한 증권회사도 쉽게 자동입출금기에서 이용할 수 있는 단기금융상품 등의 새로운 금융상품을 도입함으로써 전통적인 은행업무에 진출할 수 있게 되었다.[19) 특히, 1980년대 후반에 들어서면서 은행 및 증권회사들의 업무영역 확대 요구와 더불어 국제적으로는 금융의 범세계화(특히, 유럽연합국가의 겸업은행의 성장에 따른 경쟁심화의 예상)에 따라서 은행 및 증권업무를 분리하는 증권거래법 제65조의 개정 필요성은 계속 제기되었다.[20)

---

15) 1948년 증권거래법이 제정되기 전까지는 일본의 은행은 증권업무를 비롯한 모든 형태의 금융서비스를 제공하고 있었다. Masaki Yagu, "Securities Activities of Japanese Bank under the 1993 Japanese Financial System Reform," Journal of International Law & Business 15, 1994, p. 305.

16) 일본 증권거래법 제65조는 미국의 글래스-스티걸법처럼 은행의 증권업무를 금지하는 조항이다.

17) New Banking Law, arts. 10 & 11; Brian W. Semkow, "Japanese Banking Law: Current Deregulation and Liberalization of Domenstic and External Financial Transactions," Law & Policy in International Business 81, 1985, p. 128.

18) 그러나 주식 투자는 동일 회사 총발행주식수의 5% 이내로 제한되었다. Securities and Exchange Law, art, 65.

19) Jonathan Issacs & Takashi Ejiri, Japanes Securies Market, 1990, pp. 8687.

20) Andrew Mullineux, International Banking and Financial Systems: A Comparison, 1987, p. 86.

이러한 요구에 부응하여 일본 재무성은 자문기구인 '금융제도연구위원회' 및 '증권거래위원회'로 하여금 증권거래법 제65조를 포함한 전반적인 금융제도 개혁에 관한 연구를 요청하였다. 이러한 연구의 초점은 은행의 증권업무를 어떠한 방식으로 허용할 것인가에 있었는데, 두 위원회는 다섯 가지 방식[21] 중에서 은행 및 증권회사의 자회사를 통한 상호진출을 허용하는 방안을 채택하였으며, 이러한 방식은 "1992년 금융제도개혁법"에 반영되었다.[22] 이러한 방식은 다른 방안에 비하여 문제점이 적으며, 공정한 경쟁조건 및 금융질서를 유지하는 데 더 효과적이라는 판단에서 채택되었다.[23]

1992년 금융제도개혁법의 핵심은 은행, 증권회사 및 신탁은행의 자회사를 통한 상호진출을 허용하는 것이다. 따라서 은행은 재무성의 승인을 받아 증권회사 또는 신탁은행의 총발행주식수의 50%를 초과하여 소유할 수 있게 되었다. 또한 증권회사도 재무성의 승인을 받아 은행 또는 신탁은행의 총발행주식수의 50%를 초과하여 소유할 수 있게 되었다.[24] 그러나 은행의 증권업 진출에 대한 증권산업의 반대로 은행의 증권자회사를 통한 업무에 일정한 제한이 가해졌다. 예를 들어, 은행의 증권자회사는 당분간 주식의 인수, 매매 및 중개업무는 허용되지 않고, 국채 및 회사채의 인수, 매매 및 중개업무만이 허용되었다. 또한 은행 및 증권회사 간에 소위 "업무장벽(firewall)"이 유지되도록 하였다. 즉 증권자회사의 임직원이 은행의 업무에 종사하는 것이 금지되며, 은행은

---

21) 첫째 방안은 겸업은행을 허용하는 것, 둘째, 은행지주회사를 통하여 허용하는 것, 셋째, 여러 업무를 영위하는 자회사를 통하여 허용하는 것, 넷째, 특별한 단계적 접근방식으로 업무의 통합을 통하여 허용하는 것, 다섯째, 은행 및 증권회사의 자회사를 통한 상호진출을 허용하는 것이었다. Thoms F. Cargill & Cregory F.W. Todd, "Japan's Financial System Reform Law: Progress Toward Financial Liberalization ?," Brooklyn Journal of International Law 47, 1993.

22) Gargill & Todd, 1993, p. 48, 주5 참조.

23) Colin P. A. Jones, Note, "Japanese Banking Reform: A Legal Analysis of Recent Development," Duke Journal of Comparative & International Law 387, 1993, pp. 399400.

24) New Banking Law, at. 16-2(1); Securities and Exchange Law, art. 43-2.

증권자회사와의 거래가 은행 및 자회사에게 상당히 불리한 경우는 그
거래를 할 수 없다. 이외에도 증권자회사가 은행과 사무실을 공유하는
것이 금지되며, 증권자회사의 임직원이 고객의 다른 요구가 없는 한
은행의 임직원과 같이 고객을 방문하는 것도 금지되었다.[25]

 1992년 금융제도개혁법은 1993년 4월에 시행되었으며, 처음단계
에서는 장기신용은행만이 증권자회사의 설립이 승인되었으며, 1993
년 11월에는 증권회사의 신탁은행자회사 설립, 1994년 4월에는 은
행의 증권자회사 설립이 허용되었다.[26]

 일본에서는 주거래은행(main-bank)이 계열기업 전체의 대주주로서의
위치를 점하고 계열소속 기업에 대한 지배력을 행사하는 것이 일반적
이다.

 금융기관이 일반회사 주식을 과다하게 취득·소유하게 되면 그로 인
해 지배력을 확장하고 금융건전성을 저해할 수 있으므로 이를 방지해
야 할 필요성이 제기되는 것이다. 이에 따라 금융기관이 원칙적으로
타 회사 주식을 5%(보험회사는 10%) 초과하여 소유하는 것이 금지된
다.(반독점법 제11조) 다만 공정거래위원회가 예외적으로 인가한 경우
및 불가피하게 한도를 초과하게 되는 경우에는 초과 취득 또는 소유를
허용하고 있다.[27] 그리고 개별 금융관련법령에서도 타 회사 주식소유
한도를 설정하고 있다.

---

25) Securities and Exchange Law, arts. 2-2, 50-2; New Banking La, art. 16-3.
26) Chiz Nakajima, "Japan: Separation of Banking and Securities Business and the
    Financial Reform Law of 1992," Journal of International Banking Law N-144,
    1993.
27) 공정거래위원회규칙에서 정하고 있는 예외 인가 대상은 i) 해당주식 발행회사
    가 금융기관인 경우, ii) 해당주식 발행회사가 비금융기관이더라도 준금융업무
    (채무보증, 벤처캐피탈, 리스 등)를 영위하는 회사, 금융업무 또는 준금융업무
    를 영위하는 자회사를 둔 지주회사, 인가신청금융기관의 고유업무에 부수하는
    업무를 수행하는 회사인 경우, iii) 외국금융기관이 일본현지법인을 설립하는
    경우

## 3. 비금융기업의 은행투자 규제

일본의 은행들은 전통적으로 보험회사 등 여타 금융기관과 동일계열 소속 회사를 중심으로 주식이 분산, 소유되고 있다. 대형은행의 경우 최대주주의 지분율이 3～6% 수준이며, 계열소속 금융기관 및 기업들이 합하여 상당한 수준의 지분을 보유하고 있다.[28]

은행법상 은행주식 소유에 대한 제한은 없었으나, 최근 법 개정 추진을 통해 산업자본과 금융자본의 결합을 억제하고 있다. 종전에는 은행법상 은행의 신규 설립 시에는 금융당국의 인가가 필요하지만, 기존 은행이 매수하는 경우에는 인가가 불필요하다.

일본 금융청은 2002년 4월 시행된 개정 은행법에 따라 은행의 주식을 20% 이상 보유하는 주요주주에 대한 규제를 강화하고 있다.[29](금융감독정보, 금감원, 2002-23) 금융청은 장기경영을 약속하는 금융기관 등에 한정하여 은행의 주요주주로 인정하고 단기매매차익을 노리는 투자펀드 등은 인정하지 않을 방침이다. 단기적 이익을 추구하는 투자펀드 및 기업재생펀드 등이 경영권을 장악할 경우 경영책임 소재가 모호해질 우려가 있다고 판단하고 있다. 이는 은행의 경영권 변경을 감시하기 위한 것으로서, 기존의 은행업과 경영이념이 전혀 다른 곳으로 주식이 양도될 경우 경영의 계속성에 손상을 입을 수 있다고 판단하기 때문이다. 또한 새로운 주요주주가 자신의 생각에 따라 은행의 기존 여신을 강제로 회수하여 신용경색현상이 발생할 우려도 있다. 그러나 외국투자자 등이 사실상의 진입장벽으로 간주하여 반발할 것으로 여겨지면서 금융청에 의한 심사과정의 투명성 확보가 과제로 대두될 전망

---

28) 6대 계열소속 대형 도시은행의 경우 동일 계열 소속의 금융기관 및 기업체들이 총 20% 내외의 지분을 보유하고 있고, 10대 주주의 지분율을 합하면 20～30%, 20대 주주의 지분율 합계는 30～40% 수준이다.

29) 금융청은 은행의 주요주주가 되려는 자의 적격성을 심사하여 인가하는 권한을 가진다.

이다.

주요주주에 관한 규정(rule)정비의 내용을 살펴보면 다음과 같다. 은
행 주식 5%를 초과하여 소유하는 주주에 대하여 주식취득에 관한 신
고제를 도입하고, 은행경영에 실질적인 영향력을 가진 주주(원칙적으로
20% 이상의 주식을 소유하는 그룹 또는 개별기업 주주 등)에 대해서
는 주요주주의 지위를 부여하고 사전에 인가를 받도록 하였다.[30) 주요
주주의 재무면의 건전성 및 주식소유의 목적, 사회적 신용 등에 기초
하여 주요주주의 적격성을 판단하고 있다.[31)

<표 3-2> 일본 주요은행의 대주주 분포현황

| 은행 | 5% 이상 대주주 | 1%-5% 대주주 | 1% 이상 산업자본 대주주 |
|---|---|---|---|
| MIZUHO FINANCIAL GROUP | 1(9.68) | 7(18.50) | 0 |
| MITSUBISHI TOKYO FINANCIAL GROUP INC | 1(5.46) | 8(17.86) | 2(3.98) |
| UFJ HOLDINGS INC | 2(11.60) | 11(28.17) | 1(2.69) |
| SUMITOMO MITSUI FINANCIAL GROUP, INC | 2(13.62) | 7(11.96) | 2(2.81) |
| SUMITOMO TRUST & BANKING COMPANY LTD | 2(11.14) | 9(16.48) | 3(5.79) |

자료: OSIRIS(2005)

은행업무의 건전·적절한 운영을 확보하기 위해 특별히 필요가 있다
고 인정되는 경우에 주요주주 등에 대한 보고징구 및 검사를 실시하고

---

30) 기존의 은행 주주에 대해서도 본 규정을 적용한다.
31) 은행의 이사에 대해서도 은행의 경영관리에 관한 지식·경험 및 사회적 신용
   을 요구한다.

주요주주로서 부적격하다고 인정되는 경우 인가 취소 등의 처분을 할
수 있다. 주요주주 이외에 5%를 초과하여 소유하는 주주에 대한 보고
요구 및 검사는 신고사항의 확인 등과 같이 필요한 경우에 한하여 실
시한다. 은행의 경영이 악화되어 경영개선을 위한 조치가 필요할 경우
에는 50%를 초과하여 주식을 소유하고 있는 주요주주에 대하여 자은
행 경영의 건전성을 확보하기 위한 조치(경영개선계획 제출)를 요구할
수 있다. 그리고 은행과 주요주주 간의 거래에 대해 요구되는 조치, 주
요주주 등의 허위보고에 대한 벌칙을 정비하였으며, 보험회사에 대해서
도 기본적으로는 위와 같은 내용으로 법규를 정비하도록 하였다.

일본 주요은행의 대주주 현황을 보면 비교적 다수의 대주주가 존재
하여 1개 대주주의 비중이 절대적으로 큰 경우를 볼 수 없으며, 미국
과 마찬가지로 산업-금융의 분리원칙에 따라 산업자본 대주주의 비중
은 상대적으로 작은 것을 알 수 있다.


# 제 4 절 EU


## 1. EU 국가들의 은행-산업관계의 제도적 배경

유럽연합(EU, European Union)은 1993년까지 공동시장을 건설한다는
목표 아래 각국 경제를 통합하는 방향으로 이행하였으나, 금융규제에 관
한 두 가지 모형이 상충되는 문제에 직면하였다. 유럽 국가들은 은행업과
증권업의 분리를 기본으로 하는 앵글로-색슨형(영국형)과 유니버설 뱅킹
모형을 따르는 대륙형(독일형)의 두 가지 금융규제모형을 가지고 있다.

영국은 은행업과 증권업의 분리를 법률적으로 규정하지는 않으나 관습에 의해 구분하여 왔으므로, 은행 감독은 영란은행(the Bank of England)이 담당하고, 증권회사는 자체적으로 규율하는 방식을 취하여 왔다. 1986년 금융서비스법(Financial Services Act)의 제정을 계기로 은행과 증권회사의 기능을 분리하고, 금융서비스청(Financial Services Authority, FSA)이 은행, 증권, 및 보험업 감독을 총괄하도록 하였다. 이에 비해 독일은 유니버설 뱅킹의 전통에 의해 은행과 증권회사를 구분하지 않기 때문에 독일법에서 증권회사는 은행으로 간주되고 있다. 그리고 프랑스와 스칸디나비아 국가들은 독일과 유사한 체제를 가지는 것으로 볼 수 있다.[32]

이와 같은 두 가지 금융규제모형의 상충 문제는 1989년의 제2차 은행조정지침(Second Banking Coordination Directive, 2BCD)과 1993년의 투자서비스지침(Investment Services Directive)으로 해결하도록 하였다. 이러한 지침서들을 기초로 유럽 국가들은 금융서비스 관련 규제 및 법률을 다양하게 만들 수 있었으며, 각 금융기관들은 기본적으로 자국의 법률과 규제를 적용받지만 다른 유럽 국가들에서도 영업을 할 수 있는 단일여권(Single passport)을 발급받는다.(Cervellati, 2003)

본 연구에서는 은행과 비금융기업 간의 관계를 소유와 지배 측면에서 분석하기 위해 i) 은행의 비금융기업 투자와 ii) 비금융기업의 은행 소유에 관하여 EU 수준 및 각 회원국 수준으로 구분하여 정리해 보고자 한다. 본 연구의 내용은 Cervellati(2003)의 자료를 중심으로 요약, 정리한 것이며, Barth, Nolle and Rice(1997)의 보고서, 제2차 은행조정지침(Second Banking Coordination Directive, 2BCD), 각국 금융감독 당국의 발간물과 웹 사이트 등을 통하여 수집한 자료 등으로 보완하였다. 특히 EU 국가 중 프랑스, 독일, 이태리, 스페인 및 영국 등을 중심으로 고찰하고자 한다.

2BCD는 규제적 측면에서 개별회원국 간의 조화를 도모하고 있다.

---

32) http://www.riskglossary.com/articles/European_Financial_Regulation

따라서 EU 회원국들은 기본적으로 유럽지침서(European Directives)를 따라야 하지만, 유럽지침서의 기본취지에 반하지 않는 한 규제를 보다 엄격하게 할 수 있는 여지를 두고 있으므로 회원국 간에는 규제상의 차이가 여전히 존재한다.

## 2. 은행의 비금융기업 투자에 관한 EU 수준의 규제

다음에서는 제2차 은행조정지침(Second Banking Coordination Directive, 2BCD)을 중심으로 은행의 비금융기업 투자와 관련된 법률적 내용을 EU 수준에서 고찰하고자 한다. 2BCD는 은행이 다른 은행, 일반금융기관 또는 리스·팩토링·뮤추얼펀드 등의 활동을 수행하는 금융기관을 보유하는 것 등에 대해서는 제한을 두지 않고 있다.

그러나 은행의 비금융기업 소유와 관련하여 경제통합 초기에는 회원국 간에 견해차가 상당히 컸다. 역사적으로 은행과 기업이 매우 밀접한 관계를 맺고 있어 유니버설 뱅크 형태를 취하는 독일 같은 나라가 있기도 하고, 국가경제 발전을 위한 재원조달이 은행시스템을 통해 이루어졌던 그리스와 스페인 같은 나라도 있다. 이러한 나라들의 경우 은행과 비금융기업 간의 관계는 은행감독 관련 지침서에 포함할 것이 아니라 은행 독과점 관련 법률에서 규정하여야 한다고 믿는다. 반대로 이태리, 포르투갈, 벨기에 등과 같은 나라들은 은행과 비금융기업이 밀접한 관계를 갖는 것을 매우 위험한 것으로 간주하고 은행과 비금융기업의 분리를 최선으로 간주하였다.

따라서 EU 회원국들은 협상을 통해 최종산물인 2BCD를 도출하기에 이르렀고 은행의 비금융기업 활동 참가를 제한하는 기본원리를 채택하였다.

2BCD에 의하면 '적격투자(qualifying investments)' 또는 '적격보유

(qualifying holding)'에 대해 정의하고 있다. 적격투자 또는 적격보유란 투자기업 자본금 또는 의결권의 10% 이상의 지분 또는 기업경영상 중요한 영향력을 행사할 수 있는 정도의 지분을 직·간접적으로 보유하는 것을 일컫는다.

먼저 은행의 개별 비금융기업(non-financial firms) 투자한도에 대해서는 어떠한 신용기관(credit institution)도 신용기관이나 금융기관이 아닌 기업에 자기자본의 15%를 초과하여 적격보유를 할 수 없도록 하고 있다.(Article 12.1) 이것은 개별 비금융기업의 위험이 은행의 건전성을 침해하는 것을 방지하기 위한 것이다.

그리고 은행의 비금융기업 전체에 대한 총투자한도를 보면, 비금융기업(신용기관, 금융기관 또는 이와 유사한 활동을 하는 기관을 제외한 기업)에 대한 신용기관의 적격보유는 자기자본의 60%를 초과할 수 없도록 하고 있다.(Article 12.2)

이러한 투자한도는 결합재무제표 기준(consolidated basis)으로 적용하므로 적격투자의 일부를 계열회사에 이전하더라도 앞의 한도규정을 회피할 수는 없다.(Article 12.6)

그러나 은행 건전성 보장을 위한 2BCD 투자한도 규정은 중요한 허점을 내포하고 있다. 2BCD에서 규정하는 한도는 '적격투자'만을 대상으로 하므로 그 한도 내의 투자는 어떠한 방식으로도 제약을 받지 않는다는 결론에 도달할 수 있다. 예로써 자기자본 100을 가진 은행은 2BCD의 한도를 위반하지 않으면서 1001의 자본을 가진 기업에 자기자본 전체를 투자할 수 있다. 즉 은행이 투자기업 자본금의 10% 미만을 투자하므로 적격투자에 해당되지 않고 따라서 위의 투자한도 적용대상에서 제외되기 때문이다. 이러한 형태의 투자는 과다한 노출(large exposures)로 인한 위험집중을 방지하고자 하는 지침서(92/121 Directive)의 기본취지에 반하는 것이므로, Article 12의 한도가 위의 예와 같은 비적격투자에 대해서도 적용된다고 할 수 있다.

한편 이와 같은 2BCD 투자한도의 허점은 2BCD 자체를 수정하거나 각 회원국 수준에서 법률제도를 보완함으로써 해결해야 할 것이다. 그리고 EU 회원국은 유럽 지침서보다 자국의 규제를 엄격하게 규정할 수 있으므로 적격투자에 대한 한도를 비적격투자에도 적용할 수 있게 할 수 있다.

그러나 위의 15%와 60% 투자한도 적용에도 예외가 있다. 즉 예외적으로 투자한도의 초과가 허용되는데(Article 12.5), 다만 한도초과금액은 은행자기자본으로 담보를 확보하고(충당금 설정) 동 금액은 부채비율(solvency ratio) 계산에서 제외하도록 해야 한다. 이는 투자의 잠재적 손실을 부채비율 계산에서 제외하자는 취지이다. 15%와 60% 한도 두 가지 모두를 초과하는 경우, 은행자기자금으로 담보를 확보해야 하는 금액은 초과하는 두 가지 금액 중 큰 것으로 한다.(Article 12.8)

한편 보험회사의 지분을 보유하는 경우 개별투자 및 전체 투자한도 적용에서 제외해 주고 있다. 보험회사 지분보유에 대해서는 특별취급을 해 주어 법률적 일관성이 부족하다(incoherency)는 지적이 많다. 특히 이로 인해 금융그룹이 회원국 간 규제적용의 차이를 이용하여 보험자회사를 보유할 수 있다는 사실은 그것이 공동시장의 기본원리를 침해하고 금융기관 간 경쟁도 위협할 수 있으므로 매우 위험하다는 지적이다.

적격투자로 간주하지 않는 비금융기업 투자로는 금융구조조정 기간, 구제금융 기간 또는 정상적 인수과정 기간 중 일시적으로 보유하는 주식으로 이 경우에는 15%와 60% 투자한도 계산 시 적격보유로 간주하지 않는다.

이 지침서가 시행되는 당시에 15% 또는 60% 투자한도를 초과하는 신용기관의 경우 10년의 한도적용 유예기간을 갖도록 하였다.(Article 12.7)

## 3. 비금융기업의 은행투자에 관한 EU 수준의 규제

2BCD에 의하면 적격투자를 위해서는 주주의 자격에 대해 승인을 받도록 하고 있지만 비금융기업이 은행에 투자하는 것에 대해서는 별도의 제약을 두지 않고 있다.(Article 11)

다만 감독당국에 대한 신고의무를 규정하고 있을 뿐이다. 즉 EU에서 신용기관을 직·간접적으로 적격보유하고자 하는 자는 감독당국(competent authority)에 보유하고자 하는 지분규모를 사전에 신고(inform)해야 한다. 그리고 적격투자자가 어떤 신용기관의 의결권 또는 지분의 20%, 33%, 50%를 초과하도록 지분을 획득하는 경우 또는 신용기관이 실질적으로 자회사가 되도록 지분을 보유하여 신용기관을 지배하게 되는 경우에도 감독당국에 이 사실을 신고해야 한다.

그리고 신용기관 운영의 건전성을 확보하기 위해 감독당국은 적격보유하고자 하는 자의 적격성을 평가하고 그 결과를 3개월 내에 통보해 주어야 한다. 당국이 적격투자 계획에 반대하지 않는다면, 동 계획을 이행할 최대기간을 지정할 수 있다.

한편 다른 회원국에서 승인을 받은 신용기관이 국내 신용기관에 적격투자를 하는 경우에는 동 신용기관을 승인한 국가의 감독당국과 사전적으로 적격투자 지분취득에 대해 평가하도록 해야 한다.

신용기관이 적격보유지분을 직·간접적으로 처분하고자 하는 때에도 먼저 감독당국에 그 규모를 신고해야 한다. 적격보유지분의 감소로 인하여 의결권 또는 지분 비중이 20%, 33%, 50% 미만으로 되거나 또는 동 신용기관이 자회사의 지위를 상실하게 되는 경우에는 이 사실을 감독당국에 신고해야 한다. 또한 신용기관은 누군가의 지분이 위에서 언급한 지분비중을 초과 또는 이하로 하락했다는 것을 알았을 때에는 즉시 그 사실을 당국에 신고해야 한다.

각 회원국들이 적격투자자의 영향력 행사가 신용기관의 건전한 운영에 악영향을 줄 수 있다고 판단하는 경우, 감독당국은 동 상황이 종료할 수 있게 하는 적절한 조치를 취할 수 있다. 그 조치로는 금지명령(injunctions), 이사 및 경영진에 대한 제재, 해당 주주의 의결권행사 중지 등이 있을 수 있다. 그리고 사전 신고의무를 이행하지 않는 자에게도 유사한 조치를 취할 수 있다.

당국의 반대에도 불구하고 지분을 취득한 자가 있다면, 회원국들은 여타의 제재조치와는 별개로 해당 지분의 의결권행사 중지, 행사된 의결권의 무효화 및 폐지 등의 조치를 취할 수 있다. 2BCD의 이러한 조항들은 Directive 2000/12/EC, 16조에 신용기관 적격보유라는 내용으로 포함되어 있다.

# 제 5 절 프랑스

## 1. 은행의 비금융기업 투자

프랑스는 2BCD의 규정을 준용하고 있으므로 은행이 비금융기업의 지분을 100% 소유하는 것이 가능하다. 그러나 은행의 개별 비금융기업에 대한 적격투자의 한도는 은행자기자본의 15%, 전체 비금융기업에 대한 총투자한도는 자기자본의 60%이다. 예외적으로 이러한 한도를 초과하는 것이 허용되는 경우도 있는데, 이 초과금액에 대해서는 은행의 자기자본으로 담보를 확보해야 하고 동 자금은 부채비율 계산에서 제외한다.

1984년 프랑스 은행법(FBA) 6조에 의하면 신용기관(credit institutions)은

은행금융규제위원회(Comite de la Reglementation Bancaire et Financiere, CRBF)에서 규정하고 있는 조건을 충족하는 경우 타 회사 지분의 취득 및 보유가 가능하다. 1984년 FBA의 제Ⅲ장 33조에 의하면 CRBF는 신용기관과 직·간접적으로 신용기관에 대해 지배력을 갖는 금융기관의 지분을 취득하거나 처분할 수 있는 요건 등에 관한 규제를 정할 수 있도록 하였다. 또한 CRBF는 이러한 신용기관 또는 금융기관이 다른 회사의 지분을 취득할 수 있는 조건에 관하여도 규정을 두고 있다.


## 2. 비금융기업의 은행투자 규제


프랑스에서 비금융기업의 은행투자에 대해서는 2BCD의 제11조를 따르고 있으므로 별도의 제약이 존재하지 않으며, 다만 적격투자를 하기 위해서는 주주(shareholders)의 적격성 요건을 갖춰야만 한다.

1996년 프랑스 금융현대화법(FMA) 제12조에 의하면 투자기업을 승인하기 전에 신용기관 및 투자기업위원회(the Comite des Etablissements de Credit et des Entreprises d'Investissement, CECEI)는 직·간접적으로 적격보유를 하게 되는 개별주주의 이름과 보유금액을 확인하고, 계획한 서비스를 제공할 수 있는 프로그램을 가지고 있는지 등을 확인하도록 하고 있다. 또한 CECEI는 투자기업의 건전한 경영을 보장하는 차원에서 주주의 자격을 심사해야 하며, 지분관계의 존재, 인수인과 다른 사람과의 직·간접적 지배관계의 존재 또는 유럽경제구역(EEA) 협정 당사자가 아닌 회원국의 법률 등으로 인해 감독기능을 수행하는 데 방해가 될 수 있다고 인정하는 경우 투자승인을 보류할 수도 있다.

또한 동 조항에 의하면 CECEI는 CMF(the Conseil des Marches Financiers)가 송부한 신청서를 검토하여 3개월 내에 그 결과와 이유를 첨부하여 신청인에게 통지해야 한다.[33]

<표 3-3> 프랑스 주요은행의 대주주 분포현황

| 은행 | 5% 이상 대주주 | 1%-5% 대주주 | 1% 이상 산업자본 대주주 |
|---|---|---|---|
| BNP PARIBAS | 3(96.49) | 1(2.00) | 1(2.00) |
| CREDIT AGRICOLE S.A. | 1(53.73) | 1(3.30) | 1(53.73) |
| SOCIETE GENERALE | 1(7.50) | 9(14.33) | 1(1.00) |
| CREDIT INDUSTRIEL ET COMMERCIAL-CIC | 2(92.47) | 3(3.32) | 1(1.00) |
| NATEXIS BANQUES POPULAIRES | 1(84.69) | 5(8.78) | |
| CAISSE REGIONALE DE CREDIT AGRICOLE MUTUEL SUD RHONE | 1(25) | 0 | 0 |
| CAISSE REGIONALE DE CREDIT AGRICOLE MUTUEL DU MIDI- | 2(44.44) | 0 | 1(25.03) |
| UNIBAIL HOLDING | 6(35.00) | 6(14.00) | 0 |

자료: OSIRIS(2005)


# 제 6 절 독일


## 1. 은행-산업관계의 형성배경

독일의 은행은 뒤늦은 산업혁명을 급속히 추진하는 과정에서 설립

---

33) 포트폴리오 관리회사(제3자를 위해 포트폴리오 관리 서비스를 제공하는 영업을
   주로 하는 투자회사)에 대해서도 유사한 규정을 준용하고 있다.(제15조) 이러
   한 포트폴리오 관리회사는 COB(the Commission des Operations de Bourse)의
   승인을 받아야 한다.

당시부터 산업자본과 밀접한 결속관계를 형성하여 오다가 제1차 세계
대전 이후에 은행의 산업자본 지배구조가 정착되었다.(한국은행, 1999)
19세기 중반까지는 상업자본을 축적한 상인들이 개인은행을 설립하였
으나 개인은행들이 산업발전에 필요한 자본을 공급하는 데는 한계가
있었기 때문이다.

19세기 중반 시작된 산업혁명에 소요되는 자본동원의 필요성이 커지면서
주식회사(Aktiengesellschaft, AG) 또는 주식합자회사(Kommanditgesellschaft
auf Aktien, KGaA)[34) 형태의 은행(Kreditbank)이 출현하였다. 이들 은행은
은행 정관 등에 산업발전 지원 목적 등을 명시하고 기업에 대한 거액·장
기의 신용공여, 직접 출자 등의 형태로 자금을 운용함에 따라 겸업주의
성향을 갖게 되었다. 이러한 독일 은행들의 겸업주의 특성은 1871년 독일
제국(Deutsche Reich)이 성립되기 이전부터 오랫동안 유지되어 온 군소
연방국가(Territorial Staat) 내의 소규모 은행들이 모든 형태의 금융서비스
를 제공한 데에도 일부 기인한다.

독일 은행의 겸업주의 특성은 1869년 자유기업법 제정 이후 더욱 강
화되면서 은행과 산업자본 간의 유기적 결합이 가속화되었다. 자유기업
법 제정 이후 주식회사 설립 급증과 보불전쟁 승리(1870년)에 따른 배
상금 유입 등으로 주식투기 붐이 일어나면서 은행의 투자은행업무가
확대되었다.

그러나 1873년 공황으로 다수의 은행이 도산하는 과정에서 은행 간
인수·합병을 통해 베를린의 대형은행(Grossbank)들이 탄생하기에 이르
렀다. 베를린 대형은행들은 지방 중소은행과의 컨소시엄 형성 등을 통
해 산업자본에 대해 영향력을 확대하였으며, 제1차 세계대전 이후에는
합병을 통해 지방 중소은행을 점차 지점으로 전환시켰다.

제1차 세계대전 이후 독일의 은행들은 Hausbank 관계의 형성 등을
통해 기업지원을 확대하면서 산업자본에 대한 지배체제를 정착시켜 갔

---

34) 주식합자회사는 주식회사와 합자회사(Kommanditgesellschaft, KG)의 중간형태로
유한책임사원과 경영을 담당하는 무한책임사원으로 구성된다.

다. 전후 인플레이션으로 인해 막대한 손실을 경험한 은행들은 합병[35] 등을 통해 자본력을 강화하여 부실화된 차입기업의 대출금을 출자로 전환해 주는 등 기업을 적극적으로 지원하였다.[36]

## 2. 은행의 비금융기업 투자

독일에서 은행의 비금융기업에 대한 투자는 2BCD 규정을 따르는 것으로 간주되므로 은행이 비금융기업의 지분 100%를 소유하는 것이 가능한 것으로 볼 수 있다.

그런데 독일은행법(GBA) section 12에 의하면 예금취급기관(deposit taking credit institution)은 비금융기업에 대한 투자금액(nominal capital)이 자기자본(liable capital)의 15%를 초과하게 되는 '적격참여지분(qualified participating interest)'[37]을 보유할 수 없도록 하고 있다. 또한 예금취급기관의 전체 비금융기업에 대한 투자비중이 자기자본의 60%를 초과하게 하는 적격참여지분을 보유할 수도 없다.

그러나 예금취급기관은 연방은행감독청(FBSO)의 승인을 얻으면 한도를 초과하여 보유하는 것이 가능하다. 이때 예금취급기관은 한도초과 금액에 해당하는 크기만큼 자기자본으로 담보를 확보해야 하며, 두 가지 한도를 모두 초과한다면 그중 큰 금액을 자기자본으로 보증해야 한다.

예금취급기관을 자회사로 보유하는 기업그룹의 상위(모)기업은 투자

---

35) 1929~32년 중 합병을 통해 Deutsche Bank, Dresdner Bank, Commerzbank 등 오늘날 독일 3대 은행이 탄생하였다.
36) 예컨대 Deutsche Bank는 1926년에 부실화된 Daimler사와 Benz사의 은행 부채를 주식으로 전환함으로써 두 회사가 합병한 Daimler Benz사의 대주주로 부상하게 되었다.
37) 적격참여지분(qualified participating interest)이란 투자기업의 자본금 또는 의결권의 10% 이상을 직접 소유하거나, 자회사 또는 유사관계를 통해 간접적으로 소유하는 경우 또는 기업경영에 상당한 영향력을 행사할 수 있는 지분을 소유하는 경우로 정의된다.

자본의 비중이 그룹 전체의 자기자본 15%를 초과하게 하는 적격참여지분을 보유할 수 없다. 또한 그룹은 전체 투자자본의 비중이 그룹 자기자본의 60%를 초과하도록 하는 적격참여지분을 보유할 수도 없다. 그리고 그룹은 연방은행감독원(FBSO)의 승인이 있는 경우 한도초과가 가능하며, 이때 한도초과금액은 그룹 자기자본으로 담보를 확보(충당금을 설정)해야 하고 두 가지 한도를 모두 초과하면 큰 금액만큼의 충당금을 설정해야 한다.

## 3. 비금융기업의 은행투자 규제

독일의 경우도 2BCD의 제11조를 따르고 있으므로 비금융기업의 은행에 대한 투자제약은 없는 것으로 간주된다.

독일은행법에 의하면 적격참여지분을 보유하고자 하는 자는 연방은행감독원(FBSO)과 독일연방은행(Deutsche Bundesbank)에 그 금액을 구체적으로 신고(report)해야 할 의무가 있다. 적격참여지분보유자는 적격참여지분의 크기가 의결권 또는 자본금의 20%, 33%, 50% 이상으로 되는 경우 또는 동 기관을 지배하게 되는 경우에 즉시 FBSO와 독일연방은행에 보고하여야 한다.

FBSO는 동 보고서의 사본을 연방증권감독원(FSOST)에 송부하고, 보고서 수령 후 3개월 내에 적격참여지분 인수를 금지할 수 있다.[38] 동 인수를 금지하지 않는 한 FBSO는 보고서를 제출한 자가 인수를 완전히 이행하였는지의 여부를 통지해야 하는 최대기간을 설정할 수 있다.

---

38) 연방은행감독원은 다음과 같은 사유가 있다고 판단할 경우 신고인의 주식취득 또는 지분증가를 금지할 수 있다.
 i) 신고인을 신뢰할 수 없거나 신고인이 금융기관의 경영건전성을 저해할 우려가 있다고 판단하는 경우
 ii) 자본참여로 금융기관이 신고인의 기업집단에 속하게 되어 효과적인 감독이 어려워질 경우

동 기간의 만료 후 인수자는 FBSO에 즉시 신고서를 제출하여야 한다. 또한 FBSO는 적격참여지분의 보유자 또는 그 자가 지배하는 기업에 의한 의결권행사를 금지할 수 있고, 동 지분이 FBSO의 승인하에서만 사용하도록 규정할 수도 있다.

적격참여지분의 자격을 상실하거나, 적격참여지분의 규모가 의결권 (또는 자본금)의 20%, 33%, 50% 미만으로 되도록 지분율을 낮추거나 또는 더 이상 지배기업의 위치를 유지할 수 없을 정도로 지분율이 변화하는 경우 이러한 사실을 FBSO와 독일연방은행에 보고해야 하는 의무가 있다. 이 경우 참여지분의 변동에 대한 상세한 내용을 보고서에 명시하고, FBSO는 보고서를 제출한 자가 지분축소를 이행하였는지의 여부에 대해 감독원에 보고해야 하는 기간을 지정해 줄 수 있다.

〈표 3-4〉 독일 주요은행의 대주주 분포현황

| 은행 | 5% 이상 대주주 | 1%-5% 대주주 | 1% 이상 산업자본 대주주 |
|---|---|---|---|
| DEUTSCHE BANK AG | 0 | 1(5.00) | 0 |
| BAYERISCHE HYPO-UND VEREINSBANK AG | 2(23.52) | 2(3.12) | 0 |
| COMMERZBANK AG | 1(5.43) | 5(10.09) | 1(3.72) |
| EUROHYPO AG | 3(98.02) | 0 | 0 |
| HYPO REAL ESTATE HOLDING AG | 3(20.02) | 0 | 0 |
| BANKGESELLSCHAFT BERLIN AG | 2(91.00) | 1(2.00) | 0 |
| DEUTSCHE POSTBANK AG | 1(66.77) | 0 | 1(66.77) |
| BHW HOLDING AG | 3(83.3) | 0 | 1(36.6) |

자료: OSIRIS(2005)

# 제 7 절 이탈리아

## 1. 은행의 비금융기업 투자

이탈리아에서 은행의 비금융기업 투자는 2BCD가 규정하는 것 이상으로 엄격한 제약을 받고 있다. 대부분의 은행들에 대해서는 개별 비금융기업의 지분보유 집중한도(concentration limit)가 은행 자기자본의 3%이며, 모든 비금융기업에 대한 총투자한도는 자기자본의 15%로 제한하고 있다. 규모가 비교적 크고 안정성이 입증된 일부 은행의 경우 투자한도를 완화하고 있다. 즉 대규모 은행의 경우 집중한도와 총한도가 각각 6%와 50%이며, 특수은행의 경우 15%와 60%까지 허용되고 있다. 그리고 은행과 산업의 분리원칙에 따라 모든 은행은 투자기업 자본의 15%를 초과하여 투자할 수 없다.

## 2. 비금융기업의 은행투자 규제

이탈리아에서 비금융기업의 은행투자에 대한 법률적 규제도 2BCD보다 엄격하다. 은행 및 금융(banking and finance) 이외의 분야에서 주요 영업활동을 하는 자는 은행 의결권의 15%를 초과하여 보유하거나 은행의 지배력을 갖는 것이 금지된다.

이러한 제약을 규율하는 법률은 Testo Unico Bancario(TUB)로 알려진 1993년의 은행법으로서 제3장에서 은행지분의 보유에 관한 규정을 두고 있다. 누구든 은행지분의 취득으로(기존에 보유하고 있던 지분을 포함하여) 은행 의결권의 5%를 초과하여 보유하거나 또는 은행을 지배하고자 하는 경우에는 이탈리아은행(Bank of Italy, BOI)의 사전승인을 받아야 한다.(Article 19.1) 은행지분보유의 변동으로 BOI가 설정한 한도를 초과하여 보유하게 되거나 또는 은행을 지배하게 되는 경우에는 이탈리아은행(BOI)의 사전승인을 받아야 한다.(Article 19.2)

은행의 의결권을 5% 초과하여 보유하거나 또는 은행을 지배하는 회사의 지배적 지분(controlling interest)을 취득하고자 하는 경우에도 이탈리아은행의 사전승인을 얻어야 한다.(Article 19.3)

그리고 BOI는 의결권을 행사하기 위해 승인을 받아야 하는 자를 별도로 규정할 수도 있다.(Article 19.4)

이탈리아 은행규제의 기본원리는 규제가 은행의 건전한 운영을 보장하기 위한 안전판 역할을 해야 한다는 것이다.(Article 19.5) 이러한 조건들이 충족되지 않는다면 승인을 거부할 수 있고, 또한 이 조건이 사후적으로 충족되지 않는 경우에는 승인을 정지 또는 취소할 수도 있다.

이탈리아 은행제도에서는 은행과 산업의 분리라는 기본원칙하에 비금융기업이 은행산업에 진입하는 것을 매우 엄격하게 제한하고 있다. 은행·금융 이외의 부문에서 자회사 등을 통해 주요 영업활동을 하는 자는 은행의결권을 15% 초과하여 보유하거나 은행을 지배하게 하는 지분취득이 금지된다.(Article 19.6)

은행-산업의 분리원칙에 따라 은행 이사의 과반수를 선임할 수 있는 권한이 비금융기관의 수중에 들어가 은행의 건전한 경영에 위협이 될 정도로 집중이 심각하게 되는 경우에는 지분취득의 승인을 취소 또는 거부할 수 있다.(Article 19.7) 즉 비금융기업이 무차별적으로(indiscriminately) 은행을 지배하거나 또는 경영하는 것을 막는 것이 중요하다는 것을 강조하고 있다.

또한 은행소유와 관련한 규제 및 감독당국 간의 조정에 관해서도 규정하고 있다. 상호주의가 적용되지 않는 비EU국가의 개인이나 기관이 은행을 직접 또는 간접으로 소유하게 되는 경우 BOI는 승인신청서를 재무부 장관에게 송부하여야 한다.(Article 19.8) 그리고 국무회의 의장은 재무부 장관의 제안으로 동 신청서의 승인을 거부할 수 있다. 또한 BOI는 신용위원회의 해결책과 부합하도록 동 조항의 이행에 필요한 규제조치를 별도로 둘 수도 있다.(Article 19.8)


# 제8절 스페인


## 1. 은행의 비금융기업 투자

2BCD 관련 신용기관에 관한 스페인법으로는 Law 3/1994가 있으며, 이 법의 시행령으로 스페인 은행제도를 규율하고 있는 Royal Decree 1245/1995가 있다. Law 3/1994는 2BCD의 규정에 따라 신규진입은행의 회계 및 행정상의 건전성과 주요지분을 보유한 주주의 적격성을 강조하고 있으며, 'Community passport'를 상세히 규정하여 EU의 한 회원국에서 승인을 얻은 신용기관은 추가적 승인 없이 다른 EU 국가에서 영업활동을 할 수 있도록 하고 있다.

스페인에서 은행의 비금융기업 투자에 대해서는 별도의 제약이 없으므로, EC의 2BCD를 준용하는 것으로 간주한다. 즉 2BCD의 15%와 60% 투자한도가 적용되지만, 은행이 비금융기업의 지분 100%를 소유할 수 있다.


## 2. 비금융기업의 은행투자 규제

스페인에서 비금융기업의 은행투자는 2BCD의 규정에 따라 허용되는 것으로 간주된다. 그러나 신규로 진입하는 스페인 은행에 대해서는 비금융기업이 동 은행의 영업개시 후 5년 동안 자본금의 20%를 초과하여 보유할 수 없도록 제한하고 있다.

스페인은 '주요지분보유(significant holdings)'를 Law 26/1988, Title VI에서 규정하고 있으며, 이 법은 Royal Decree 1245/1995에 의해 개정된 바 있다. 여기서 말하는 주요지분보유란 스페인 신용기관의 자본금 또는 의결권을 직접 또는 간접으로 5% 이상 보유하거나 또는 신용기관에 상당한 영향력을 행사할 수 있을 정도의 지분을 보유하는 것을 지칭한다.(Article 56)

이러한 주요주주가 될 수 있는 지분을 보유하고자 하는 경우 보유규모, 기간, 인수조건 및 인수기간 등을 스페인은행(BOS)에 사전 신고하여야 한다. 그리고 사전신고 의무는 신용기관의 자본금 또는 의결권의 직·간접 보유량이 10%, 15%, 20%, 25%, 33%, 40%, 50%, 66%, 75% 등을 초과하게 되는 경우 및 신용기관의 지배력을 획득하게 되는 모든 경우에 BOS에 사전 신고하여야 한다.(Article 57)

스페인은행(BOS)은 신고를 받은 날로부터 3개월 내에 인수를 반대할 수 있다. 즉 인수자가 article 43.5에 부합하지 않아 건전한 관리 및 주식보유의 적임자가 아니라고 판단하는 경우에 반대할 수 있다는 것이다. 위의 사전신고 의무를 이행하지 아니하고 취득한 주식의 경우 의결권행사가 제한된다. 신용기관에 대한 직·간접적 주요지분보유를 중단하거나 또는 앞의 기준지분율을 상실하게 되는 경우에도 처분액 또는 처분기간 등을 BOS에 사전 신고하여야 한다.(article 60) 신용기관은 article 57과 60에서 정한 지분율에 변동이 있다는 사실을 알았을 경우 BOS에 즉시 통지하여야 한다.

신용기관의 주요지분보유자가 행사하는 영향력이 금융기관의 건전한 운영에 해가 된다고 판단되는 충분한 근거가 있는 경우, BOS의 건의로 경제금융부 장관(Minister of Economy and Finance)은 의결권 제한 등의 여러 가지 수단을 사용할 수 있다.(article 62) 이때 그 제한기간은 3년을 초과할 수 없다.

# 제9절 영국

## 1. 은행-산업관계의 형성배경

영국의 경우 미국과는 달리 법적·제도적 규제에 의존하기보다는 불문법적인 관습과 시장의 자율규제를 존중하는 전통에 따라 은행과 산업자본의 분리체제를 유지하고 있다.(한국은행, 1999) 영란은행은 설립 당시(1694년)부터 물품거래 금지조항을 영란은행 특허장에 명시하여 산업활동을 금지하였다.

영국에서는 금세공업자 중심의 개인은행이 상공업의 부수업무로서 은행업을 영위하는 형태를 취하였으나 1826년 이후 주식회사형 은행의 설립이 허용되자 주식은행으로 되는 과정에서 산업자본 지분이 하락하게 되었다. 은행발전 초기에는 은행업과 상공업의 혼합이 보편적이었으나 점차 은행업무에 전념하게 됨에 따라 19세기 초반부터는 은행업과 상공업의 분화가 본격화되었다고 할 수 있다. 특히 주식은행법 제정 이후 주식회사 형태의 은행이 자본확충과 지점설치에 우위를 갖게 됨에 따라 많은 개인은행들이 합병 등을 통해 주식회사 형태로 점차 전환하였다.

18세기 중반 다른 나라보다 먼저 산업혁명을 시작한 영국은 산업혁명 초기의 기술수준이 아직 높지 않은 데다 가족 중심의 기업형태가 많아 기업 내부자금만으로도 투자자금의 조달이 가능하였기 때문에 은행이 산업자본을 지배하거나 산업자본이 은행을 지배할 유인은 거의 없었다. 또한 은행은 기업에 대한 장기투자자금의 공급보다는 단기상업금융에 치중하였으며 장기투자업무는 투자위험이 없는 콘솔(consol)[39]

---

39) 영국 정부가 1751년부터 전비조달을 목적으로 발행한 Consolidated Annuities라는 영국국채이다.

등 국채 중심으로 이루어졌다. 이러한 현상은 19세기 중반 들어 주식회사의 설립이 자유화되면서 트러스트 등을 통해 대형화한 산업자본이 필요자금을 자본시장에서 비교적 용이하게 조달함에 따라 더욱 심화되었다.

한편 이 기간 중 상공업의 발전과 더불어 금융수요가 확대되는 가운데 은행은 상업금융 업무에 특화함으로써 20세기 초반 5대 상업은행(clearing bank)[40]이 출현하였으며 수출업자가 발행한 어음의 인수 및 증권발행 등의 업무는 머천트 뱅크(merchant bank)가 취급하기 시작함에 따라 은행업과 증권업이 분화되기에 이르렀다. 또한 1929~1930년 영국의 금융산업을 총괄적으로 점검한 Macmillan Committee도 금융기관 기능의 전문화를 통해 성격이 서로 다른 금융수요를 충족시킬 것을 제시함으로써 은행의 상업금융 업무에의 특화가 지속되었다.


## 2 은행의 비금융기업 투자

권한의 집중을 경계하는 전통을 반영하여 불문법적 관습에 의해 은행과 산업자본의 결합을 억제하였다. 영국에서 은행의 비금융기업에 대한 투자는 2BCD 규정을 준용하는 것으로 볼 수 있다. 은행이 비금융회사 지분을 15% 이상 보유하고자 하는 경우에는 은행부실시 유동성지원 등 주주로서의 책임을 진다는 각서를 제출하도록 하고 있다.


## 3. 비금융기업의 은행투자 규제

법적인 주식소유에 대한 한도는 없으나, 건전성 규제차원에서 산업

---

40) Barclays, Lloyds, National Provincial, Midland, Westminster

자본이 일정비율 이상 금융회사 주식취득 시 단계적으로 금융감독기관
의 사전승인을 받도록 요구한다. 즉 금융회사 주식을 10%, 20%, 33%,
50% 초과하여 보유하게 될 각각의 경우에 금융감독청(FSA)의 승인을
받아야 한다. 금융감독청(FSA)은 다음의 경우에 해당하지 않을 경우
주식매수계획을 거부할 수 있다. 즉 첫째, 은행주식을 일정 비율 이상
을 취득하고자 하는 자가 대주주로서 적합한(fit and proper) 인물일 것,
둘째, 대주주로서 그 기관의 예금자 또는 잠재적 예금자의 이익을 위
협하지 않을 것, 셋째, 취득회사 및 취득회사의 특수관계인의 재무상황
등이 금융기관의 건전성을 해칠 우려가 없을 것 등이다.

〈표 3-5〉 영국 주요은행의 대주주 분포현황

| 은행 | 5% 이상 대주주 | 1%-5% 대주주 | 1% 이상 산업자본 대주주 |
|---|---|---|---|
| HSBC HOLDINGS PLC | 0 | 5(15.03) | 0 |
| BARCLAYS PLC | 0 | 1(2.57) | 0 |
| ROYAL BANK OF SCOTLAND GROUP PLC | 0 | 3(9.45) | 0 |
| HBOS PLC | 0 | 1(2.82) | 0 |
| LLOYDS TSB GROUP PLC | 0 | 2(6) | 0 |
| STANDARD CHARTERED PLC | 2(19.43) | 3(9.70) | 0 |
| OLD MUTUAL PLC | 3(59.48) | 2(5.39) | 0 |
| ALLIANCE & LEICESTER PLC | 1(13.59) | 5(19.35) | 0 |
| NORTHERN ROCK PLC | 1(5.00) | 4(15.88) | 1(13.59) |

자료: OSIRIS(2005)

# 제10절 세계 각국의 산업-금융관계 규제제도 요약

　주요국의 금융자본과 산업자본 간의 관계를 규율하는 제도를 보면 일반적으로 비금융기업의 은행소유와 관련된 제약이 은행의 비금융기업 소유와 관련된 제약보다 많은 편이다.

　일반적으로 은행규제감독의 궁극적 목표는 금융시스템의 안정성 강화, 금융산업의 발전 및 효율성 촉진에 있다.(B.C.N. 2004)

　주요국의 비금융기업의 은행지배와 관련한 규제를 앞의 제도 및 규제내용을 중심으로 요약, 정리해 보자.

　먼저 미국은 1930년대 대공황 이후 전통적으로 산업자본의 금융지배를 금지하는 대표적인 나라로 꼽힌다. 미국에서 은행을 지배하기 위해서는 연준(Fed)의 승인을 받아야 한다. 은행을 지배하는가의 여부는 첫째, 은행의 의결권 있는 주식을 25% 이상 소유하는 경우 지배하는 것으로 간주하고, 둘째, 은행의 의결권 있는 주식을 5% 미만으로 소유하는 경우 감독당국이 특별히 입증하지 않는 한 지배하지 않는 것으로 간주하며, 셋째, 5% 이상 25% 미만으로 소유하는 경우 감독당국이 재량권을 가지고 판단하는 데 원칙적으로 지배로 간주되는 경우가 많다.

　일본의 경우 2002년 은행법을 개정하여 은행주식 소유에 대하여 제한을 엄격히 하였다. 즉 은행 주식을 5%를 초과하여 소유하는 주주에 대하여 주식취득에 관한 신고제를 도입하고, 은행경영에 실질적인 영향력을 가진 주주(원칙적으로 20%이상의 주식을 소유하는 그룹 또는 개별기업 주주 등)에 대하여는 주요주주로서의 지위를 부여하고 사전에 인가를 받도록 하였다. 주요주주의 재무면의 건전성 및 주식소유의 목적, 사회적 신용 등에 기초하여 주요주주의 적격성을 판단하고 있다.

　EU의 경우 2BCD의 규정에 따르면, 적격투자를 위하여 주주자격에 대한 승인을 받아야 한다. 즉 EU에서 신용기관(은행)을 직·간접적으로 적격보유하고자 하는 자는 감독당국(competent authority)에 보유하고자 하는 지분규모를 사전에 신고(inform)하여야 한다. 그리고 적격투자자가 어떤 신용기관의 의결권 또는 지분의 20%, 33%, 50%를 초과하도록 지분을 획득하는 경우 또는 신용기관이 실질적으로 자회사가 되도록 지분을 보유하여 신용기관을 지배하게 되는 경우에도 감독당국에 이 사실을 신고하여야 한다. 이때 감독당국은 적격투자자가 신용기관의 지배주주로서 적격성을 갖추고 있지 못하다고 판단하는 경우 적격투자 및 그 지분취득을 반대할 수 있다. 그리고 적격투자자의 영향력 행사가 신용기관의 건전한 운영에 악영향을 줄 수 있다고 판단하는 경우, 감독당국은 동 상황이 종료할 수 있게 하는 적절한 조치를 취할 수 있다. 그 조치로는 금지명령(injunctions), 이사 및 경영진에 대한 제재, 해당 주주의 의결권행사 중지 등이 있을 수 있다. 그리고 사전 신고의무를 이행하지 않는 자에게도 유사한 조치를 취할 수 있다.

이와 같은 내용의 2BCD는 EU 내에서 산업-금융관계를 규율하는 최소한의 규제장치인데 많은 EU 회원국들이 이 최소한의 규정을 준용하고 있다. 앞에서 살펴보았듯이 독일, 영국, 프랑스, 스페인 등이 모두 2BCD를 준용하는 국가이다.

이에 비해 이탈리아는 EU 국가 중 산업자본의 금융지배를 가장 엄격하게 규율하는 나라로 볼 수 있다. 이탈리아에서는 누구든 은행지분의 취득으로 (기존에 보유하고 있던 지분을 포함하여) 은행 의결권의 5%를 초과하여 보유하게 되거나 또는 은행을 지배하고자 하는 경우에는 이탈리아은행(Bank of Italy)의 사전승인을 받아야 한다.(Article 19.1) 은행지분보유의 변동으로 이탈리아 은행이 설정한 한도를 초과하여 보유하게 되거나 또는 은행을 지배하게 되는 경우에는 이탈리아은행의 사전승인을 받아야 한다. 은행의 의결권을 5% 초과하여 보유하거나 또는 은행을 지배하는 회사의 지배적 지분(controlling interest)을 취득하고자 하는 경우에도 이탈리아 은행의 사전승인을 얻어야 한다.

⟨표 3-6⟩ EU 및 G-10 국가들의 은행과 비금융기업 간 투자활동 규제(1995)

| 국가 | 은행의 비금융기업 투자 | 비금융기업의 은행투자 |
|---|---|---|
| 오스트리아 | Unrestricted; 2BCD1) 준용. 이 제약하에서 은행은 비금융기업의 지분 100%를 소유할 수 있음 | Unrestricted; 2BCD2) 준용 |
| 벨기에 | Restricted; 2BCD보다 엄격. 단일기업 투자는 은행자본의 10%를 초과할 수 없고, 전체 투자는 35%를 초과할 수 없음 | Unrestricted; 2BCD 준용. 은행 지분을 5%이상 소유한 자에 대해서는 은행금융위원회의 적격성심사 필요 |
| 캐나다 | Restricted; 개별 비금융기업의 지분 10%를 초과하여 투자할 수 없고 전체 비금융기업투자는 은행자본의 70%를 초과할 수 없음 | Restricted; 누구도 10%를 초과하여 은행지분을 소유할 수 없음 |
| 덴마크 | Permitted; 2BCD 준용. 다만 은행은 비금융기업의 중요 의사결정에는 참여할 수 없음 | Unrestricted; 2BCD 준용. 은행은 지분관계 등을 통해 은행에 영향력을 행사할 수 있는 기업과 거래하기 위해 감독당국의 허가를 요함 |
| 핀란드 | Unrestricted; 2BCD 준용. 이 제약하에서 은행은 비금융기업의 지분 100%를 소유할 수 있음 | Unrestricted; 2BCD 준용. 상업은행에 대해 일반기업은 정기주주총회에서 의결권의 5% 이상을 행사할 수 없음 |
| 프랑스 | Unrestricted; 2BCD 준용. 이 제약하에서 은행은 비금융기업의 지분 100%를 소유할 수 있음 | Unrestricted; 2BCD 준용 |
| 독일 | Unrestricted; 2BCD 준용. 이 제약하에서 은행은 비금융기업의 지분 100%를 소유할 수 있음 | Unrestricted; 2BCD 준용 |
| 그리스 | Unrestricted; 2BCD 준용. 이 제약하에서 은행은 비금융기업의 지분 100%를 소유할 수 있음 | Unrestricted; 2BCD 준용 |
| 아일랜드 | Unrestricted; 2BCD 준용. 이 제약하에서 은행은 비금융기업의 지분 100%를 소유할 수 있음 | Unrestricted; 은행지분 5% 이상을 취득하고자 하는 경우 사전신고하여야 하며, 10% 이상을 취득하는 경우 사전승인을 얻어야 함 |

**〈표 3-7〉EU 및 G-10 국가들의 은행과 비금융기업 간 투자활동 규제(1995)**

| 국가 | 은행의 비금융기업 투자 | 비금융기업의 은행투자 |
|---|---|---|
| 이탈리아 | Restricted; 2BCD보다 엄격. 비금융기업에 대한 총투자한도와 개별(집중)투자한도는 각각 은행 자기자본의 15%와 3%임. 다만 규모가 크고 안정성이 입증된 주요은행의 경우 동 비율이 50%와 6%이며, 특수은행은 60% 및 15%임. 또한 은행-산업 분리원칙에 따라 투자기업 자본의 15%를 초과하여 소유할 수 없음 | Restricted; 2BCD보다 엄격. 금융 이외의 부문에 종사하는 자는 은행 의결권의 15%를 초과하는 지분취득이 금지됨 |
| 일본 | Restricted; 은행은 다른 회사의 지분을 5% 초과하여 보유할 수 없음(독점금지법 제9조) | Restricted; 총투자한도는 기업의 자본금 수준임. 독점금지법은 지분취득을 통해 다른 회사를 지배하게 되는 지주회사의 설립을 금지3) |
| 룩셈부르그 | Unrestricted; 2BCD 준용. 이 제약하에서 은행은 비금융기업의 지분 100%를 소유할 수 있음 | Restricted; 비금융기업은 법적으로는 은행의 대주주가 될 수 있으나 정책적으로는 대주주가 되는 것을 제약하고 있음 |
| 네덜란드 | Unrestricted; 2BCD 준용. 이 제약하에서 은행은 비금융기업의 지분 100%를 소유할 수 있음. 은행이 비금융기업 지분의 15% 이상을 취득하고자 하는 경우 재무부 장관이 이에 반대하지 않아야 함 | Unrestricted; 2BCD 준용. 비금융기업이 은행 자본금의 5% 이상을 취득하고자 하는 경우 재무부 장관이 이에 반대하지 않아야 함 |
| 포르투갈 | Permitted; 2BCD 준용. 은행은 비금융기업 의결권의 25% 이상을 행사할 수 없음 | Unrestricted; 2BCD 준용 |
| 스페인 | Unrestricted; 2BCD 준용. 이 제약하에 은행은 비금융기업의 지분 100%를 소유할 수 있음 | Permitted; 2BCD 준용. 비금융기업은 신규은행의 설립 5년 동안 20% 이상의 지분을 취득할 수 없음 |
| 스웨덴 | Restricted; 전체 투자한도는 은행자본금의 40% | Restricted; 소유한도는 자본금의 50%이며, 다만 은행파산 등의 경우에 예외적으로 초과인정 |

정의: Unrestricted-100% 지분취득이 가능, Permitted-의결권 제한 등의 제약조건하에 100% 지분취득이 가능, Restricted-일정비율 이상의 지분취득이 금지 또는 제한됨.

**〈표 3-8〉EU 및 G-10 국가들의 은행과 비금융기업 간 투자활동 규제(1995)**

| 국가 | 은행의 비금융기업 투자 | 비금융기업의 은행투자 |
|---|---|---|
| 스위스 | Unrestricted; 투자한도는 은행자본금의 20%임. 그러나 스위스은행위원회는 한도초과를 허용할 수 있음 | Unrestricted; 비금융기업은 은행지분을 100% 소유할 수 있음 |
| 영국 | Unrestricted; 2BCD 준용. 이 제약하에서 은행은 비금융기업의 지분 100%를 소유할 수 있음. 다만 20%를 초과하는 부분에 대해서는 자본 적합성 계산 시 은행자본에서 차감해야 함 | Unrestricted; 2BCD 준용. 다만 대주주가 되고자 하는 경우 영란은행에 신청서를 제출하고 반대가 없음을 확인해야 함 |
| 미국 | Restricted; 은행은 일반적으로 의결권주 및 비의결권주에 대한 직접적 주식투자가 금지됨. 은행지주회사는 비금융기업 지분의 25%를 초과하는 투자를 할 수 없음 | Restricted; 비금융기업은 은행 및 은행지주회사의 지분을 취득할 수 있음. 그러나 은행지주회사가 되지 않기 위해 동 투자는 은행자본금의 25%를 초과할 수 없음. |
| 한국4) | Restricted; 금융기관은 다른 회사의 의결권 있는 주식의 15%를 초과하여 보유할 수 없음 | Restricted; 비금융주력자는 은행의 의결권 있는 발행주식의 4%(지방은행 15%)를 초과하여 보유할 수 없음 |

주: 1) 2BCD의 Article12에 의하면 은행은 자기자본의 15%를 초과하여 개별 비금융기업에 대한 "적격투자"를 할 수 없으며, 비금융기업 총 투자는 60%를 초과할 수 없음. "적격투자"란 자본금 또는 의결권의 10% 이상을 직·간접적으로 취득하거나 경영상 지배력을 행사할 수 있는 지분을 취득하는 행위
2) 2BCD의 Article 11에 의하면 비금융기업이 은행에 대한 적격투자를 하기 위해서는 주주적합성에 대한 승인을 필요로 함
3) 일본은 1998년 금융지주회사정비법을 제정하여 금융지주회사의 설립을 허용하고, 은행주식을 5% 초과보유 시 신고의무를 부과하고, 20% 이상 보유하고자 하는 경우 감독당국의 사전인가를 받아야 함
4) 우리나라의 자료는 별도로 추가하였음

자료: Barth, Nolle, and Rice, "Commercial Banking Structure, Regulation, and Performance: An International Comparison," Office of the Comptroller of the Currency, Economics Working Paper, February 1997.

■ 금융규제, 지배구조 및 경영성과

금융규제와 기업지배구조와의 관계를 간단한 상관계수를 통해 보면
금융규제를 많이 하는 나라일수록 기업지배구조지수41)는 낮은 것으로
나타났다. 그리고 기업지배구조가 좋은 나라일수록 부실대출 비중은 낮
은 것으로 밝혀졌다. 이에 비해 금융규제 및 기업지배구조 지수는 경
영성과지표(ROA, ROE)와는 상관관계가 거의 없는 것으로 나타난다.

〈표 3-9〉 규제지수 및 지배구조지수와 은행성과지수의 상관관계

| | 은행관련 규제지수 | 기업지배 구조지수 | ROA | ROE | 비이자수 입 비중 | 부실대출 비중 |
|---|---|---|---|---|---|---|
| 은행관련 규제지수 | 1 | | | | | |
| 기업지배 구조지수 | -0.316 | 1 | | | | |
| ROA | 0.044 | -0.071 | 1 | | | |
| ROE | -0.174 | 0.014 | 0.849 | 1 | | |
| 비이자수 입 비중 | -0.218 | -0.238 | -0.313 | -0.157 | 1 | |
| 부실대출 비중 | 0.200 | -0.431 | 0.530 | 0.266 | -0.145 | 1 |

---

41) 기업지배구조지수는 외부감사지수(6문항 각1점씩 총6점), 은행회계투명성 지
수(4문항 4점), 대외평가 및 채권자 감시(2문항 2점)로 구성

〈표 3-10〉 은행관련 규제, 지배구조, 및 성과에 관한 지수

| | overall bank activities and ownership restrictiveness* | corporate governance index** | return on assets (ROA) | return on equity (ROE) | noninterest revenue/total revenue | nonperforming loans as % of total loans |
|---|---|---|---|---|---|---|
| Argentina | 1.8 | 11 | 0.30 | 1.80 | 30.70 | 8.10 |
| Australia | 2.0 | 11 | 0.98 | 14.61 | 40.69 | 1.25 |
| Belgium | 2.3 | 10 | 0.38 | 12.68 | 43.78 | 1.64 |
| Canada | 1.8 | 11 | 0.68 | 16.16 | 52.36 | 1.10 |
| Cyprus | 2.0 | 10 | 1.60 | 22.00 | 54.00 | 8.38 |
| Denmark | 2.0 | 11 | 0.91 | 15.30 | 38.99 | 0.86 |
| Finland | 1.8 | 12 | 0.85 | 16.18 | 19.94 | 0.87 |
| France | 1.5 | 8 | 0.35 | 6.13 | 85.48 | 5.95 |
| Germany | 1.3 | 10 | 0.33 | 11.16 | n.a. | n.a. |
| Greece | 2.3 | 9 | 2.92 | 35.23 | 24.49 | 14.70 |
| Israel | 3.3 | 9 | 0.66 | 11.30 | 34.80 | 2.69 |
| Italy | 2.5 | 7 | 0.65 | 9.37 | 44.51 | 6.90 |
| Japan | 3.3 | 9 | 0.62 | 12.97 | 38.00 | 6.40 |
| Korea S. | 2.3 | 9 | 1.42 | 23.13 | 27.50 | 13.60 |
| Luxembourg | 1.5 | 11 | 0.36 | 11.64 | 48.75 | 0.48 |

| | overall bank activities and ownership restrictiveness* | corporate governance index** | return on assets (ROA) | return on equity (ROE) | noninterest revenue/total revenue | nonperforming loans as % of total loans |
|---|---|---|---|---|---|---|
| Netherlands | 1.5 | 10 | 0.56 | 14.30 | 42.50 | n.a. |
| New Zealand | 1.0 | 9 | 1.10 | 22.47 | 36.07 | 0.44 |
| Portugal | 2.3 | 11 | 0.70 | 10.30 | 54.30 | 2.20 |
| Singapore | 2.0 | 12 | 1.20 | 10.50 | n.a. | 9.10 |
| Slovenia | 2.3 | 10 | 0.79 | 7.76 | 4.04 | 5.60 |
| Spain | 1.8 | 10 | 0.76 | 13.44 | 26.63 | 1.54 |
| Sweden | 2.3 | 9 | 0.66 | 18.77 | 54.12 | 1.44 |
| Switzerland | 1.3 | 12 | 0.75 | 17.91 | 40.31 | 4.62 |
| United Kingdom | 1.3 | 11 | 1.40 | 29.60 | 40.10 | 1.60 |
| United States | 3.0 | 11 | 1.31 | 15.32 | 28.23 | 0.95 |

자료: * Barth, Caprio, and Levine, "The Regulation and Supervision of Banks Around the World," World Bank, May 2001
**Barth, Caprio, and Nolle, "Comparative International Characteristics of Banking," Office of the Comptroller of the Currency, January 2004

■ 은행영업활동에 대한 제약

은행의 영업범위 제한과 관련한 내용을 보면 증권업과 관련된 제약이 가장 적은 편이고, 부동산업과 관련된 제약이 가장 많은 것으로 나타났다.[42] 특히 은행활동에 관한 제약이 가장 적은 국가는 독일, 뉴질랜드, 스위스 등을 들 수 있다. 이에 비해 은행 영업범위에 대한 제약이 가장 많은 나라는 일본과 미국을 대표적으로 꼽을 수 있는데 최근 이들 나라들은 금융지주회사제도를 도입하여 자회사 형태의 금융겸업을 허용하였다.

OECD 국가들 중 산업자본과 금융자본의 분리를 엄격하게 규제하는 나라는 캐나다, 이탈리아, 미국, 일본, 한국 등이고 이들을 제외한 나머지 국가들, 즉 영국, 독일, 프랑스 등 대부분의 EU 국가들은 산업자본과 금융자본 간의 분리를 엄격하게 규제하지 않고 있는 것으로 나타났다.

이러한 결과는 금산분리의 원칙을 완화해야 한다는 주장을 뒷받침한다고 볼 수도 있다. 그러나 우리나라의 경우 산업자본은 그룹 내 금융회사의 자산을 이용하여 여러 기업을 지배하는 기형적인 기업지배구조를 이루고 있으므로 이에 대한 현실적 인식이 필요하다 하겠다.

그러므로 이러한 금산분리 완화는 이와 같은 지배구조가 사라지고, 금융회사를 사금고화할 가능성이 없어져야만 가능한 주장이 될 것이다.

---

42) 증권업은 인수, 중개 및 거래를, 보험업은 인수 및 판매, 부동산은 투자, 개발, 관리 등을 포함

### 〈표 3-12〉 은행업무관련 규제지수

| | 증권<br>A | 보험<br>B | 부동산<br>C | 활동규<br>제지수<br>D=<br>A+B+C | 비금융<br>기업의<br>은행<br>소유<br>E | 은행의<br>비금융<br>기업<br>소유<br>F | 총<br>규제<br>지수<br>D+E+F |
|---|---|---|---|---|---|---|---|
| Argentina | 2 | 2 | 2 | 6 | 1 | 1 | 8 |
| Australia | 1 | 2 | 3 | 6 | 2 | 3 | 11 |
| Belgium | 2 | 2 | 3 | 7 | 2 | 2 | 11 |
| Canada | 1 | 2 | 1 | 4 | 3 | 3 | 10 |
| Cyprus | 2 | 2 | 1 | 5 | 3 | 3 | 11 |
| Denmark | 1 | 2 | 2 | 5 | 3 | 2 | 10 |
| Finland | 1 | 3 | 1 | 5 | 2 | 1 | 8 |
| France | 1 | 2 | 1 | 4 | 2 | 1 | 7 |
| Germany | 1 | 1 | 1 | 3 | 2 | 1 | 6 |
| Greece | 2 | 3 | 2 | 7 | 2 | 2 | 11 |
| Israel | 2 | 4 | 4 | 8 | 3 | 2 | 13 |
| Italy | 1 | 2 | 4 | 7 | 3 | 3 | 13 |
| Japan | 3 | 4 | 3 | 10 | 3 | 3 | 16 |
| Korea S. | 2 | 2 | 2 | 6 | 3 | 3 | 12 |
| Luxembourg | 1 | 2 | 1 | 4 | 2 | 3 | 9 |
| Netherlands | 1 | 2 | 1 | 4 | 2 | 1 | 7 |
| New Zealand | 1 | 1 | 1 | 3 | 1 | 1 | 5 |
| Portugal | 1 | 2 | 3 | 6 | 3 | 1 | 10 |
| Singapore | 1 | 2 | 3 | 6 | 2 | 2 | 10 |
| Slovenia | 2 | 2 | 2 | 6 | 3 | 2 | 11 |
| Spain | 1 | 2 | 3 | 6 | 1(?) | 2 | 9 |
| Sweden | 1 | 2 | 3 | 6 | 3 | 1 | 10 |
| Switzerland | 1 | 1 | 1 | 3 | 2 | 1 | 6 |
| United Kingdom | 1 | 2 | 1 | 4 | 1 | 1 | 6 |
| United States* | 3 | 3 | 3 | 9 | 3 | 3 | 15 |

* 미국은 GLBA 이전자료

자료: Barth, Caprio, and Nolle, "Comparative International Characteristics of Banking,"
Office of the Comptroller of the Currency, January 2004

주: 첫째, 은행활동지수는 모든 활동이 은행에서 수행될 수 있으면 1, 모든 활동의
수행이 가능하나 일부 활동은 자회사에서만 수행되어져야 하면 2, 일부 활동
은 은행이나 자회사에서 수행할 수 없는 경우 3, 어떠한 활동도 수행할 수 없
다면 4, 둘째, 은행의 비금융기업 소유관련 지수는 은행은 비금융기업의 지분
100%를 소유할 수 있으면 1, 은행은 비금융기업 지분 100%를 소유 가능하나
은행자본금 규모의 제약을 받으면 2, 은행은 비금융기업 지분을 일부만(100%
미만) 소유할 수 있다면 3, 은행은 비금융기업 지분을 소유할 수 없는 경우에
는 4, 셋째, 비금융기업의 은행소유지수는 비금융기업은 은행지분을 100% 소
유할 수 있으면 1, 비금융기업은 감독당국의 사전승인하에 은행지분을 100%
소유할 수 있는 경우 2, 비금융기업의 은행소유한도가 있으면 3, 비금융기업의
은행주식 소유가 금지되면 4.

---

〈참고〉 (유럽 금융규제의 변화와 2BCD)

□ EU 회원국의 금융규제제도는 각국의 금융시장환경 및 입법체계에
따라 매우 다양

  – 공통점은 규제제도가 "제도적 또는 수직적 모형(institutional or
  vertical model)"이라는 점
  – 금융규제제도의 변화과정에서 지침서들(directives)의 역할이 매우 큼

□ 유럽의 금융시장 관련 법률은 "룰의 경쟁(competition of rules)"이
라는 개념에 바탕을 두고 있음

  – 즉 EU의 각 회원국은 다른 나라의 법률, 규제, 및 기준 등의 효력
  을 인정해야 함
  – 이에 따라 '상호인정의 원리' 내용은 제2차 은행조정지침(the Second
  Banking Cooperation Directive, 2BCD)에 포함됨

□ 2BCD는 한 신용기관이 본국에서 허용된 금융활동을 다른 회원국에

서도 할 수 있도록 하는 단일여권(single passport)제도를 도입함
- 은행 이외의 다른 금융기관에도 단일여권제도를 운용하도록 하기
위해 투자서비스지침(Investment Services Directive, ISD)을 마련

□ 상호인정의 원리는 본국통제(home country control)와 최소기준의
조화(harmonization of minimum standards)라는 두 가지 개념에
기초하고 있음

- 최소기준의 조화는 유럽 공통적 금융감독을 위한 최소기준을 제공
- 본국통제는 EU 각 회원국의 금융시스템, 법률체계, 역사적 경험,
재정기준 등의 차이가 존재하는 상황에서 통합감독(consolidated
supervision)을 가능하게 하는 유일한 수단으로 간주됨

□ 은행 및 금융시장 지침의 기본 아이디어는 각국의 금융시장, 중개
기관 및 각 금융시스템 간의 자유경쟁을 저해하는 장애물을 제거하
자는 것으로 유럽금융통합의 제1단계에서 수행

- 당시의 유럽금융시스템은 국가적 수준의 것이었으므로 각국의 금
융당국이 규율해야 하는 것이었음
- 그럼에도 불구하고 EU 회원국 간 금융서비스의 자유로운 이동에
대한 장애물을 제거하는 기본목표가 존재하였음

□ 제2단계 금융통합은 2BCD 및 ISD 등의 지침과 금융서비스의 자유
로운 이동을 가능하게 하였던 상호인정의 원리 간의 연계를 강화하
는 것이었음

- 조화의 최종단계는 유럽중앙은행(ECB)을 중심으로 하는 유럽중앙
은행제도(ESCB)의 창출과 함께 유럽통화통합(EMU)으로 대표됨

─ECB는 각국 중앙은행들과 함께 EU 전체 통화정책에 대한 책임
─로마조약[*] 체결 20년 후 제1차 은행조정지침(FBCD)이 발효됨과
   함께 각 회원국의 금융규제제도 조화를 도모하는 일련의 지침으로
   유럽금융규제는 수렴과정에 있음
─본국통제, 금융감독 및 상호인정의 조화 등과 같은 기본원리와 함
   께 2BCD에 포함된 금융규제의 기본목표로서 경쟁을 인정

 * 로마조약: 유럽경제공동체(EEC) 설립을 위한 기본 조약. 1957년 3월에 프랑스
   ·서독·이탈리아·네덜란드·벨기에·룩셈부르크 6개국에 의해 로마에서 체
   결되어 58년 1월 1일에 발효. 동시에 유라톰(EURATOM ; 유럽원자력공동체)
   을 설립하는 조약도 체결되었으므로, 이 둘을 총칭하여 로마조약이라고 하는
   경우도 있음

─금융혁신과정, EMU, 유로화의 도입 등에 의한 금융시장 및 금융
   활동의 변화 등으로 인하여 규제제도의 개혁이 필요
─또한 투자자들이 자금을 은행에 저축하는 대신 증권에 투자하고
   비은행금융기관의 비중이 증가하는 경향으로 인해 금융 규제 및
   감독의 필요성이 증대

〈참고〉(유럽통화동맹(EMU)의 출범과정)

1957년 로마조약: 하나의 유럽건설
1970년 10월 EC 통화통합방안(일명 Werner보고서)을 통해 단일통화와
       유럽중앙은행제도를 1980년까지 도입하려 하였으나 브레튼우
       즈체제 붕괴, 1차 석유파동 발생 등으로 별다른 성과를 거두
       지 못함
1979년 3월 유럽통화단위(European Currency Unit: ECU)와 환율조정메

커니즘(Exchange Rate Mechanism: 이하 ERM)을 근간으로 하는 유럽통화제도(European Monetary System: 이하 EMS)가 발족되어 통화통합을 이루려는 노력이 재개

1987년 7월부터 단일유럽의정서(Single European Act)가 발효: 1992년 말까지 단일시장 창설을 목표

1988년 6월 경제·통화동맹위원회(일명 Delors위원회)가 구성되고 단일 유럽의정서에 의한 역내시장 통합을 차질 없이 추진하고 시장 통합효과를 극대화하는 데 필요한 통화통합방안을 검토

1989년 4월 동 위원회는 들로르(Delors)보고서*를 발표하였고 이것이 EMU의 기본 추진계획서로 채택

* Delors 보고서: 미국의 연방준비제도를 모델로 유럽 각국의 중앙은행들을 단일 중앙은행기구로 통합하고 유럽 각국의 통화를 고정환율제도로 이행한 후 단일 통화로 통합하는 등 통화동맹을 3단계로 나누어 추진한다는 내용

1990년 7월 1일부터 들로르보고서를 토대로 EMU를 추진하기로 합의

1991년 12월 들로르보고서의 기본추진계획을 바탕으로 실행계획을 법제화한 구주연합조약을 체결하고 1999년 1월부터 EMU를 출범시키기로 결정

1993년 11월 유럽연합조약(마스트리히트조약)이 정식 발효됨에 따라 유럽연합(European Union: 이하 EU)이 발족되고 EMU 출범이 본격 추진

제1단계: 1990년 7월부터 1993년 말까지 역내 시장통합을 촉진하고 경제 및 통화정책 협조체제를 강화하는 한편 ERM의 효율적 운용을 통해 역내통화 간 환율안정을 도모하는 등 EMU 출범을 위한 기본 준비작업이 추진

제2단계: 1994년부터 추진되어 제3단계로의 순조로운 이행이 가능하도록

경제적 제도적 여건을 마련하는 데 주력하였는데 이는 회원국 간 기초경제여건의 동질화, 유럽통화기구(European Monetary Institute) 설립, 각국의 중앙은행법 개정 등을 포함

제3단계: 1999년 1월 1일 EMU의 제3단계에 진입하기로 결정하였는데 이러한 경제수렴기준은 EMU 출범 이후 단일통화정책이 효율적으로 운용될 수 있도록 각 회원국의 경제여건을 동질화하기 위한 것

제 4 장
우리나라의 산업자본과 금융자본
분리관련제도

# 제 1 절 금융기관 소유제한 개요

금융기관의 소유는 금융기관 지배의 원천이다. 금융기관의 지배는 정책결정과 관련하여 경영자에 대한 영향력의 행사라는 형태로 나타난다. 그런데 개별 금융기관의 지배자가 경영진에 대하여 요구하는 정책은 금융기관의 직접적 이해당사자뿐만 아니라 국가경제적 측면의 자본형성과 경제성장에도 커다란 영향을 미친다. 또한 금융기관을 소유하는 집단은 금융기관의 경영성과에만 관심을 갖는 것이 아니고, 소유금융기관의 자금조달과 배분에 관하여도 이해관계를 갖게 되므로 금융기관의 소유지배는 다른 기업의 소유지배와는 다른 측면에서 논의되는 것이 일반적이다.

우리나라에서는 산업자본의 은행소유는 엄격히 제한하는 반면 비은행 제2금융기관에 대해서는 기본적으로 소유제한이 없다. 먼저 은행소유규제를 살펴보면 동일인은 은행주식의 10%(지방은행은 15%)까지 취득이 가능하지만, 산업자본(비금융주력자)[1]의 경우는 4%(지방은행은 15%)까지만 가능하다.(은행법 제15조 및 제16조의 2) 단 비금융 산업자본의 경우에도 4% 초과분의 의결권을 포기한다는 조건하에 금감위의 승인을 얻으면 10%까지 은행주식의 소유가 가능하다. 그러나 보험·증권 등 비은행 금융기관의 주식소유에 대해서는 제한을 두지 않고 있다.

최근 들어 소유제한이 없는 보험·증권사 등 제2금융권을 중심으로 대기업집단 소속 회사들의 자산이 각 부문시장의 50% 이상을 차지하는 등 대기업집단의 금융지배가 확산되는 추세에 있다.(공정위 독점국,

---

1) 비금융주력자란 비금융부문의 자본비중이 25% 이상이거나 비금융부문의 자산합계가 2조 원 이상인 자 또는 이러한 자가 4%를 초과하여 투자한 증권투자회사를 말한다.

2004.6) 대기업집단에서 금융회사가 차지하는 비중을 보면 자산기준으로 생보사의 경우 1998년 42%에서 2002년 53%로, 손보사는 45%(1998년)에서 56%(2002)로, 그리고 증권사는 44%(1998)에서 51%(2002년)로 증가하였다. 한편 일부 지방은행은 대기업집단이 대주주로 있는 경우도 있다. 삼성생명이 대구은행 지분의 7.36%를 보유하고 있고, 롯데는 부산은행 지분을 14.11% 보유하여 최대주주라는 것이 대표적인 예이다.

### ▣ 은행소유규제의 변천

우리나라는 1980년대 초, 시중은행의 민영화 과정에서 재벌에 의한 은행 사금고화를 방지하기 위하여 동일인의 은행주식 소유한도를 처음으로 설정하였다. 1982년의 은행법 개정 이전까지는 금융기관에 대한 임시조치법에 의해 은행 주식에 대한 대주주의 의결권행사범위만 10%로 제한하고 있었으나, 1982년 12월 '은행법' 개정에 의해 동일인의 시중은행 주식 소유한도를 8%로 정하였다.(김현욱, 2001) 당시 지방은행에 대해서는 지역경제 개발자금의 원활한 지원 등을 위하여 소유한도 적용을 배제하였다.

90년대 들어 금융산업의 효율성과 경쟁력을 높이고 선진국의 개방압력에 대응할 필요성이 높아짐에 따라 은행의 책임경영체제를 확립하고 은행경영에 대한 산업자본의 간여를 방지하기 위해 은행소유구조에 관한 제도를 변경하였다. 1992년 5월 종전에 친인척 위주로 되어 있던 동일인의 포괄범위를 확대하여 주주 1인이 '독점규제 및 공정거래에 관한 법률'에 의해 지정된 대규모기업집단을 지배하는 자인 경우에는 그가 지배하는 대규모기업집단 소속 기업체를 동일인의 범주에 추가하였다. 그리고 소유규제가 없었던 지방은행 주식에 대해서도 동일인 소유한도를 15%로 설정하였다.

1994년 12월에는 산업자본의 은행지배를 방지하면서 은행의 책임경

영체제를 확립하기 위해 금융전업기업가제도를 도입하고 금융전업기업
가에 대해서는 은행주식을 12%까지 소유할 수 있도록 예외적 허용하
였다. 그러나 금융전업기업가 이외의 동일인 주식소유한도는 8%에서
4%로 하향조정하였다.

　1997년 1월에는 금융전업기업가에 대한 은행주식 소유제한(12%)을
완화하여 은행감독원장이 승인하는 한도까지 소유할 수 있도록 하는
등 금융전업기업가를 육성하기 위해 제도적 개선을 도모하였다. 금융전
업기업가는 비금융업을 영위하는 회사의 주식을 소유하지 않고 30대
대규모기업집단 계열주의 특수관계인에 해당되지 않는 자로서 자기자
금으로 당해은행 발행주식총수의 4%를 초과하여 소유해야 하고 타 은
행 의결권부 주식의 1%를 초과하여 소유할 수 없도록 하였다.

　금융전업기업가제도가 자격요건이 지나치게 엄격하여 실효를 거두지
못함에 따라 1998년 1월 개정된 은행법에서는 동 제도를 폐지하고 동
일인 주식소유한도를 의결권 있는 발행주식총수의 4% 이내로 정하였
다.(한국은행, 우리나라의 금융제도, 1999) 다만 지방은행은 발행주식총
수의 15%, 전환은행은 8%, 그리고 합작은행 및 현지법인 은행에 대해
서는 금감위의 승인한도까지 소유를 허용하는 예외를 인정하였다.


# 제 2 절  현행 은행 소유제한제도


　우리나라에서 동일인[2]은 원칙적으로 은행의 의결권 있는 발행주식총
수의 10%(지방은행의 경우 15%)를 초과하여 보유하지 못한다.(은행법

---

2) 동일인이란 본인 및 대통령령이 정하는 특수관계인(친·인척, 비영리법인, 30%
　이상의 지분을 소유하고 있는 회사 및 그 임원 등)을 의미한다.

제15조제1항) 이것은 1982년을 전후하여 은행의 민영화가 이루어짐에 따라 은행이 대주주의 사금고화되는 것을 방지하기 위하여 동일인 주식보유한도를 설정한 것이다.

동일인이 주식보유한도를 초과하여 주식을 보유하는 경우 초과보유 주식에 대하여는 의결권행사가 제한되며, 초과보유분은 지체 없이 처분하여야 한다.(은행법 제16조제1항) 한도초과 보유 주식을 처분하지 않는 경우 금감위는 6월 이내의 기간을 정하여 처분을 명할 수 있다.(은행법 제16조 제2항)

다만 정부 및 예금보험공사는 동일인 주식보유한도에 제한이 없다. (은행법 제15조 제1항 단서) 그리고 은행지주회사도 예외적용을 받아 보유한도 제한이 없다.(금융지주회사법 제13조)[3]

동일인 주식보유한도 초과보유의 절차 및 요건 등을 보면, 동일인 주식보유한도를 초과하여 은행주식을 보유하고자 하는 동일인은 한도 초과보유요건을 충족하여 10%(지방은행 15%), 25%, 33% 초과 시 각 단계별로 금감위의 승인을 얻어야 한다.(은행법 제15조 제3항) 다만, 금감위는 구체적인 보유한도를 정하여 승인할 수 있으며, 이 경우 승인한도 초과 시 다시 승인을 얻어야 한다.

비금융주력자(산업자본)에 대해서는 은행주식 보유에 대해 특별히 제한하고 있다.(은행법 제16조의 2) 비금융주력자[4]는 원칙적으로 은행의 의결권 있는 발행주식총수의 4%(지방은행의 경우 15%)를 초과하여 보유할 수 없다. 그러나 비금융주력자라 할지라도 4% 초과보유분에 대한 의결권을 행사하지 아니하는 조건으로 재무건전성 등의 요건을 충족하

---

3) "금융지주회사"는 금융기관 또는 금융업의 영위와 밀접한 관련이 있는 회사를 지배하는 회사로서 인가를 받은 회사이며, "은행지주회사"는 은행·은행업을 영위하는 금융기관 및 이들 금융기관을 지배하는 금융지주회사 등을 지배하는 금융지주회사를 일컫는다.
4) 비금융주력자의 정의: ① 비금융부문의 자본비중이 25% 이상이거나 非금융부문의 자산합계가 2조 원 이상인 자, ② ①이 4%를 초과하여 투자한 증권투자회사(뮤추얼펀드)

여 금감위의 승인을 얻은 경우에는 10% 이내에서 보유가 가능하다.

다음에 해당하는 비금융주력자는 4% 초과 보유가 가능하며, 금감위의 승인을 얻은 경우 10% 초과 보유도 가능하다. 즉 a) 2년 이내에 비금융주력자가 아닌 자로 전환하기 위한 전환계획을 금감위에 제출하여 승인을 얻은 비금융주력자, b) 외국인의 주식보유비율 이내에서 주식을 보유하는 비금융주력자(1개 은행에 한하며, 외국인 주식보유비율을 초과하는 경우 초과보유분의 의결권행사가 제한되며, 금감위는 1년 이내의 기간을 정하여 처분을 명할 수 있음)인 경우를 말한다. 비금융주력자가 전환계획을 금감위에 제출하여 승인을 얻은 경우에는 4% 초과 보유에 대해서도 의결권행사가 가능하다.(은행법 제16조의 2 제3항, 제16조의 3 제1항)

동일인은 ① 동일인이 시중은행 주식의 4%를 초과 보유하게 된 때, ② ①의 동일인이 당해 은행의 최대주주가 된 때, ③ ①의 동일인의 지분율이 1%이상 변동된 때 등의 경우 5일 이내에 주식 변동상황을 금감위에 보고하여야 한다.(은행법 제15조 제2항)

은행의 대주주에 대해서는 감독 측면에서 특별한 규정을 두고 있다. 여기서 대주주란 (은행법 제2조 제1항 제10호) i) 은행 자본금 또는 의결권의 10%(지방은행의 경우 15%)를 초과하여 보유하는 주주, ii) 4% 초과 주주(지방은행 제외)로서 최대주주이거나 단독 또는 다른 주주와 합의 또는 계약 등에 의하여 은행장 또는 이사의 과반수를 선임한 주주 및 경영전략·조직변경 등 주요의사결정이나 업무집행에 지배적인 영향력을 행사한다고 인정되는 자 등을 지칭한다.(금감위가 지정)

은행법 제35조의 2에서는 대주주에 대한 신용공여를 제한하고 있다. 개별 대주주 신용공여한도는 은행자기자본의 25%와 [은행자기자본×지분율] 중 적은 금액이며, 은행자기자본의 0.1%와 50억 원 중 적은 금액 이상(단일거래금액 기준)일 경우 신용공여 시 이사회의 사전승인(전원 찬성)과 금감위 보고 및 시장공시를 필요로 한다. 전체 대주주에 대한 신용공여한도는 은행자기자본의 25%이다. 신용공여한도를 회피하기 위하여 타 은행 대주주와 교차여신(cross-lending)을 하는 것은 금지된다.

그리고 대주주가 발행한 주식의 취득에 대해서도 은행은 자기자본의 1% 이내로 제한되고 있다.(은행법 제35조의 3) 비상장 주식의 경우 은행자기자본의 0.5% 이내로 취득을 제한하고 있다.(은행법 제35조의 3, 은행업감독규정 제16조의 4) 은행자기자본의 0.1%와 50억 원 중 적은 금액 이상(단일거래금액 기준)의 대주주 발행주식을 취득하는 경우 이사회의 사전승인(전원 찬성)과 함께 금감위 보고 및 시장공시를 하도록 요구한다.

은행이 보유한 미공개 정보(경쟁기업 영업정보 등) 제공요구 등과 같이 대주주가 은행경영에 대해 부당한 영향력을 행사하는 것이 금지된다.(은행법 제35조의 4) 금감위는 은행 또는 대주주가 상기 규정을 위반한 혐의가 있다고 인정하는 경우 자료제출을 요구할 수 있다. 대주주의 재무구조가 부실화할 경우 은행과의 금융거래 제한 등 리스크 전염 차단을 위한 감독조치의 발동도 가능하다.(은행법 제35조의 5)

# 제3절 금융기관의 비금융기관 투자제한

우리나라의 은행법 제37조에 의하면 금융기관은 다른 회사의 의결권 있는 발행주식의 15%를 초과하는 주식을 소유할 수 없다. 금융기관은 금융감독위원회의 승인을 얻은 경우에만 의결권 있는 발행주식의 15%를 초과하는 주식을 소유할 수 있다. 그리고 금융기관이 의결권 있는 발행주식의 15%를 초과하는 주식을 소유하는 회사(이하 "자회사")에 대한 출자의 총합계액이 금융기관 자기자본의 20%를 초과하지 못하도록 하고 있다.[5]

금융기관은 자회사와의 거래에 있어 다음과 같은 행위가 금지된다.

o 당해 자회사에 대해 금융감독위원회가 정하는 한도를 초과하는 신
  용공여
o 당해 금융기관의 자회사의 주식을 담보로 하는 신용공여와 당해
  금융기관의 자회사의 주식을 매입시키기 위한 신용공여
o 당해 금융기관의 자회사의 임원 또는 직원에 대한 대출(금융감독
  위원회가 정하는 소액대출을 제외)

# 제4절 금융보험사 의결권 제한제도

우리나라는 경제력집중 억제시책의 하나로 1987년 4월 금융보험사
의결권 제한제도를 도입하였다. 동 제도는 상호출자제한 기업집단 소속
금융보험사가 보유하고 있는 계열회사 주식에 대하여 일정한도 의결권
행사를 제한하는 제도이다. 금융보험회사에 대한 출자총액제한제도의
적용제외에 따른 탈법행위를 방지하고, 산업자본에 의한 금융지배를 차
단하기 위해 금융보험회사 보유 계열회사 주식 모두에 대하여 의결권
행사를 전면 금지하도록 하였다.(공정거래위원회, 2004. 5)

2002년 4월에는 금융보험회사 의결권 금지에 대한 예외조항을 도입
하였다. 즉 국내 우량기업에 대한 외국인의 적대적 M&A 위협 가능성

---

5) "모은행" 및 "자은행"이라 함은 금융기관이 다른 금융기관의 의결권 있는 발행
   주식총수의 15%를 초과하여 주식을 소유하는 경우의 당해 금융기관과 그 다
   른 금융기관을 말한다. 이 경우 모은행과 자은행이 합하여 자은행이 아닌 다른
   금융기관의 의결권 있는 발행주식총수의 15%를 초과하여 주식을 소유하는 경
   우 그 다른 금융기관은 당해 모은행의 자은행으로 본다.

이 있다는 주장이 제기되어 임원의 선임·해임, 정관변경, 합병·영업 양도에 대한 결의 시 다른 특수관계인과 합하여 30%까지 의결권을 행사할 수 있도록 허용하였다. 이때 계열회사에 대한 비금융특수관계인 (동일인, 친인척, 비금융계열회사) 지분은 제한 없이 모두 의결권행사가 가능하고 금융보험사 지분은 비금융특수관계인 지분이 30% 미만 시에만 30%와 비금융특수관계인 지분차이까지 의결권행사를 할 수 있다.

2004년 12월에 개정된 공정거래법에 의하면 2006년 4월부터 금융보험사 의결권행사 허용범위를 단계적으로 축소하기로 하였다. 금융보험사 의결권 실태조사 결과 금융보험사의 의결권이 적대적 M&A 방어보다는 재벌의 지배력 유지·확장에 사용되고 있어 금융보험사의 의결권행사 허용범위를 30%에서 2006년 4월부터 매년 5%p씩 축소하여 2008년 4월부터 15%로 축소하도록 하고 있다. 금융보험사 의결권 제한의 적용대상은 국내계열회사의 자산합계가 2조 원 이상인 기업집단(상호출자제한 기업집단)에 소속된 금융보험회사(2004년 4월 현재 29개 기업집단 소속 80개사)들이다.

금융보험사를 가지고 있는 기업집단(29개) 중 소속 금융보험사가 계열회사에 출자하고 있는 기업집단은 18개이다.(공정위 보도자료. 04. 12. 28) 18개 기업집단 소속 67개 금융보험사는 109개 계열회사에 출자하고 있으며 총 출자금은 2조3천6백억 원으로 출자하고 있는 계열회사에 대해 평균 9.94% 지분을 보유하고 있는 것으로 나타났다. 총수가 존재하는 출자총액제한기업집단 중 금융보험사를 가지고 있는 기업집단(11개) 중 「두산」을 제외한 10개 기업집단이 모두 소속 금융보험사가 계열사에 출자하고 있다. 「삼성」은 8개 금융보험사가 27개 계열사에 4,068억 원 출자하고 있으며, 「동부」는 6개 금융보험사가 10개 계열사에 1,462억 원 출자하고 있고, 「엘지」는 4개 금융보험사가 9개 계열사에 681억 원 출자, 그리고 「에스케이」는 5개 금융보험사가 8개 계열사에 482억 원 출자하고 있다.[6) 규

---

6) 금융보험사의 계열회사 출자금액은 취득가 기준이다.

모가 큰 기업집단일수록 계열사 간 순환출자로 인하여 출자관계가 복잡하
게 얽혀 있고, 금융보험사의 계열사 출자도 많은 것으로 나타났다.


# 제 5 절 사모펀드 관련 금융기관 소유제한


재정경제부는 2004년 12월 간접투자자산운용업법 개정을 통하여 사
모펀드(PEF)의 활성화를 도모하고 있다.

간접투자자산운용업법 제144조의 16에 의하면 사모펀드는 은행법에
의한 금융기관 소유제한의 적용을 받는다. 사모투자전문회사가 금융지
주회사법 또는 은행법의 규정에 의한 비금융주력자(산업자본)로 간주되
는 경우는 i) 유한책임사원으로 사모투자전문회사 출자총액의 10%를
초과하여 지분을 보유하거나 사모투자전문회사 출자총액의 4% 이상
10% 이하의 지분을 보유한 경우로서 최다출자자인 경우, ii) 산업자본
이 사모투자전문회사의 무한책임사원인 경우, iii) 다른 대기업집단에
속하는 각각의 계열회사가 취득한 사모투자전문회사의 지분의 합이 사
모투자전문회사 출자총액의 30%를 초과하는 경우 등이다. 그러나 이
내용은 산업자본이 은행을 지배하려는 PEF에 유한책임사원으로 10%
이내에서 출자할 경우 이런 PEF는 산업자본으로 간주하지 않는다는
것을 의미한다.(전성인, 2004)

상기 사모투자전문회사가 투자목적회사(SPC)의 발행주식 또는 지분
의 4%를 초과하여 취득하거나 임원의 임면 등 주요 경영사항에 대하
여 사실상의 지배력을 행사하는 경우 그 투자목적회사에 대해서는 금
융지주회사법 또는 은행법의 규정에 의한 비금융주력자로 간주한다. 산
업자본이 아닌 사모투자전문회사는 은행법에 의한 금융기관 또는 금융

지주회사법에 의한 은행지주회사가 발행한 주식총수의 4%를 초과하여 취득할 때(4%를 초과하여 보유한 사모투자전문회사가 주식을 추가로 취득하거나 그 사원의 변동이 있는 때를 포함)에는 금융감독위원회에 보고하여야 한다. 산업자본이 아닌 사모투자전문회사는 은행법에 의한 금융기관 또는 금융지주회사법에 의한 은행지주회사가 발행한 주식총수의 4%를 초과하여 보유하고 있는 투자목적회사의 주식 또는 지분의 4%를 초과하여 취득할 때(4%를 초과하여 보유한 사모투자전문회사가 투자목적회사의 주식 또는 지분을 추가로 취득하거나 사모투자전문회사 사원의 변동이 있는 때를 포함)에는 금융감독위원회에 보고하여야 한다.

간접투자자산운용업법은 지주회사의 규제에 관한 특례를 두고 있다. 사모투자전문회사 또는 투자목적회사에 대하여는 10년간 독점규제 및 공정거래에 관한 법률에 의한 지주회사에 관한 규정을 적용하지 아니한다.(제144조의 17) 지주회사로 간주되지 않음에 따라 공정거래법상 지주회사의 행위제한 규정인 동법 제8조의 2가 자동적으로 적용 배제된다. 제8조의 2에는 지주회사와 관련하여 산업자본과 금융자본의 분리를 규정한 조항이 포함되어 있으나 이 조항의 적용은 10년 동안 배제된다. 사모투자전문회사 또는 투자목적회사는 제1항의 규정에 해당하는 경우에는 금융감독위원회에 신고하여야 하며, 금융감독위원회는 그 사항을 공정거래위원회에 통보하여야 한다.[7]

그리고 사모투자전문회사(사모투자전문회사의 무한책임사원 중 대기업집단 계열회사 또는 금융지주회사가 아닌 자를 포함) 및 투자목적회사에 대하여는 10년간 금융지주회사법에 의한 금융지주회사로 보지 않는다. 금융지주회사법에 의한 자회사는 동법 제19조의 규정에 불구하

---

7) 공정거래법 제8조의 2 (지주회사 등의 행위제한 등): 지주회사는 자본총액을 초과하는 부채를 보유하는 행위, 자회사의 발행주식을 50% 미만으로 소유하는 행위, 비계열사 주식을 5% 이상 소유하는 행위 등을 할 수 없고, 금융지주회사가 금융보험사 외의 주식을 소유하거나, 일반지주회사가 금융보험사 주식을 소유하는 행위를 해서는 안 된다.

고 사모투자전문회사의 지분 취득이 가능하다.

간투법에 관해 2005년 12월 현재 입법이 예고되거나 기발표된 사항을 정리하자면 다음과 같다.

① 간접투자증권 취득권유제도 도입(시행령 제55조 제1항)-은행·증권회사·보험회사 등 간접투자증권 판매회사가 일정요건을 갖춘 보험설계사, 투자상담사 등에게 간접투자증권의 취득권유업무를 위탁할 수 있게 함으로써 판매회사의 판매채널을 확대하고 투자자의 펀드에 대한 접근과 선택의 기회를 확대한다.(자산운용업 규제완화방안('05. 6. 17))

② 일반펀드의 외국펀드 투자한도의 확대(시행령 제70조 제3항)-일반공모펀드의 타 펀드 투자한도를 투자대상이 외국펀드(펀드자산이 95% 이상을 외국자산운용사에 위탁하는 국내펀드 포함)인 경우에 한해 현재의 5%에서 20%까지 확대함으로써 외국자산운용사의 해외자산 투자의 전문성을 활용하여 상품의 다양화를 기하고, 국내자본의 해외투자를 확대, 유도한다.('05. 3.2)

③ 정부투자기관 등 발행어음 및 외국국채 투자한도 확대(시행령 제73조제2항 및 제5항 제1호)-정부투자기관·금융기관(은행·증권사 등)이 발행한 어음 및 금융기관이 보증한 어음에 대한 투자한도를 현행 펀드자산의 10%에서 30%로 확대한다. 그리고 국가신용도가 비교적 높은 외국국채(OECD가입국 발행)에 대한 투자한도를 현행 펀드자산의 10%에서 30%로 확대한다.(자산운용업 규제완화방안('05. 6. 17))

④ 펀드 운용 시 외국 장내파생상품시장 참여범위 확대(시행령 제2조)-간접투자재산 운용 시 거래할 수 있는 외국 장내파생상품시장을 현재의 OECD 가입국(30개국)에서 조세조약 체결국(64개국)으로 확대하여 펀드가 해외의 주식·채권 등 현물시장(OECD 미가입국인 중국, 인도, 홍콩 등)에 투자하는 경우 헷지 등의 목적으로 당해 국가에 상장된 선물 등 파생거래를 할 수 있도록 한다.

⑤ 펀드의 신용파생상품 거래를 허용하여 회사채 등 펀드가 보유한 자산의 신용위험을 헷지할 수 있도록 함으로써 간접투자재산으로 다양

한 포트폴리오를 구성할 수 있게 한다.(제로베이스 금융규제 개혁방안
('05. 11. 23))

　⑥ 투자증권 차입허용 등 자산운용 방법 확대(시행령 제69조) - 펀드
자산의 일정범위(20%) 내에서 주식·채권 등 투자증권의 차입을 허용
하여 결제이행이 보장되는 차입공매도를 활용할 수 있게 한다(자산운
용업 규제완화 방안'05. 6.17). 또한, 투자신탁 방식의 선박펀드를 활성
화하기 위해 자산운용방법으로 선박의 관리·개량·대선을 추가한다.

　⑦ 재간접투자기구 등의 투자제한 완화(시행령 제70조 제3항) - 자산
운용회사가 외국 자산운용회사에게 외국자산운용을 위탁할 수 있도록
한 취지를 감안하여(시행령 164조 제1항) 재간접투자기구(FOF: Fund
of Funds)의 동일 자산운용회사에 대한 투자한도(펀드자산의 50%)를
외국 자산운용회사에 대하여 투자하는 경우 100%까지 허용한다. 그리
고 변액보험(보험회사가 설정한 투자신탁)의 경우 예외적으로 자산전체
를 아웃소싱(운용위탁·투자일임·타 펀드에 투자 등)할 수 있도록 하
고 있는 점을 고려하여(시행령 제116조) 변액보험이 타 펀드에 투자하
는 경우 현행 동일펀드 발행 간접투자증권의 20% 투자한도를 100%로
확대한다.

　⑧ 사모투자전문회사(PEF) 관련 규제완화(시행령 제131조의 4, 제131
의 6 및 제131조의 9)-PEF 활성화를 위해 최소출자금액을 하향조정한
다. 즉 현재 법인 50억 원, 개인 20억 원의 한도를 법인 20억 원, 개인
10억 원으로 개정한다. 투자판단 능력이 부족한 일반투자자가 집단적
으로 PEF에 투자할 경우 사회문제화될 가능성이 있으므로 최소 출자
금액 규제는 당분간 필요하다.

　출자전환 조건의 부실채권(NPL)에 대한 투자를 허용한다. 그리고 투
자대상기업의 유·무와 관계없이 매년 배정된 자금을 연단위로 출자하
는 연기금에 대해 특례를 인정함으로써 유한책임사원(LP)으로서의 장
기투자를 촉진하기 위해서 연기금의 출자금액은 PEF의 투자의무비율
산정 시 제외시키고, 연기금 등의 출자지분을 포트폴리오 투자제한

(PEF재산의 5%)대상에서 제외한다.

PEF를 M&A에 특화하는 Buyout 펀드로 운영하도록 하기 위한 의무투자비율 완화(출자 후 1년 내 60%이상 경영권 참여목적 등에 투자하고 2년 내에는 50%이상)한다.

중소기업창업투자회사·신기술사업금융업자 등 풍부한 구조조정 경험을 갖춘 자에게 해당 법령에서 제한하지 않는 범위에서 중소기업 창업·신기술사업 지원 등 관련분야 이외에도 PEF의 업무집행사원(GP)으로 참여할 수 있도록 한다(자산운용업 규제완화 방안('05.6.17)).

⑨ 투자증권의 통합주문(Block Trading)을 허용한다(시행규칙 제2조). -자산운용회사가 주식 등의 매매주문업무를 독립적으로 수행하는 계열회사에게 그 업무를 위탁하는 경우 그 계열사가 주식 등의 매매 시 통합주문을 할 수 있게 함으로써 수수료 절감 등 자산운용의 효율성을 높인다.

⑩ 상장지수간접투자기구(ETF)의 요건 완화(시행규칙 제43조) - 현재 KOSPI 등 시장전체대표지수(broad-index) 위주로 상장되어 있는 ETF의 지수구성요건을 미국 SEC 등 국제기준에 맞게 완화하여, 업종지수를 활용한 다양한 ETF 상품을 제공함으로써 투자자의 수요에 부응하고 ETF시장을 활성화한다.

⑪ 투자자문계약의 성과수수료 허용(시행규칙 제53조) - 현재 투자일임계약에 대해서만 적용하고 있는 성과수수료를 투자자문계약에도 허용한다.

이러한 간투법과 더불어 사모펀드 관련 규제 완화 방안으로 제시된 내용은 일정규모 이하의 사모펀드는 자산운용회사만이 설립·운용할 수 있도록 한 제한을 없애는 등 규제를 대폭 완화하고, 사모 전용 자산운용회사 설립을 허용하고 최소 자본금 요건도 완화할 것을 검토한다는 것이다(자산운용업 규제완화 방안('05.6.17)).

〈표 4-1〉 제로베이스 금융규제 개혁방안

| 구분 | | 개선내용(조문명) | 개선방향 |
|---|---|---|---|
| 간접투자자산운용법 (28) | 법률 (8) | 업무영역별로 차등화된 설립하기 요건 적용(제4조) | 완화 |
| | | 펀드 취득 권유 허용(제26조) | 완화 |
| | | 사모간접투자기구의 수익자(주주) 총회 개최 의무 완화(제31조) | 완화 |
| | | 사모간접투자증권 약관 변경 시 공시의무 완화(제31조) | 완화 |
| | | 사모펀드의 합병대차 대조표 등의 공시의무 완화(제107조) | 완화 |
| | | 투자목적회사 출자자 요건 제한 완화(제44의 9조) | 완화 |
| | | PEF의 평가 및 회계처리의 공모펀드 규정 준용 완화(제144의 18조) | 완화 |
| | | 투자임임재산과 사모단독간접투자기구 간 거래 허용(제147조) | 완화 |
| | 시행령 (14) | 간접투자기구의 신용파생상품 투자 허용(제10조) | 완화 |
| | | 파생간접투자기구의 운용제한 완화(제35조) | 완화 |
| | | 재간접투자기구인 변해보험의 투자제한 완화(제70조) | 완화 |
| | | 펀드의 투자증권 차입공매도 허용(제72조) | 완화 |
| | | 정부투자기관발행 기업어음 및 해외 자신의 동일종목 투자제한 완화(제73조) | 완화 |
| | | 계열회사 발행 투자증권 투자제한 완화(제78조) | 완화 |

| 구분 | 개선내용(조문명) | 개선방향 |
|---|---|---|
| 간접투자자산운용법 (28) | 사모파생상품펀드의 파생상품 투자한도 확대(제131조) | 완화 |
| | 파생상품간접투자기구의 위험지표 공시의무 완화(제131조) | 완화 |
| 시행령 (14) | PEF 최소출자금액 제한 완화(제131조의 4) | 완화 |
| | PEF의 투자의무비율 완화(제131조의 6) | 완화 |
| | PEF의 부실채권(NPL) 투자 허용(제131조의 6) | 완화 |
| | 연기금의 PEF 투자의무비율 적용 제외(제131조의 6) | 완화 |
| | PEF 업무집행사원 자격제한 완화(제131조의 9) | 완화 |
| | 기관투자자 또는 기금을 대상으로 하는 투자자문에 관한 제결절차의 완화(제139조) | 완화 |
| | 국내자산운용회사의 상근 임직원의 그 계열외국자산운용회사 비상근 임직원 겸직 허용(제10조) | 완화 |
| | 금융주회사 임직원의 자산운용회사 임직원 겸직 제한 폐지(제10조) | 폐지 |
| 시행규칙 (6) | 자산운용회사가 PEF의 무한책임사원으로 참여하는 경우, 임직원의 투자대상기업 파견 허용(제10조) | 완화 |
| | 글로벌 자산운용회사 사이의 해외계열사에 대한 정보제공제한 완화(제12조) | 완화 |
| | 외화표시 간접투자재산의 평가방법 개선(제33조) | 완화 |
| | 외국간접투자증권(Offshore Fund)의 국내판매 시 국내 계열 자산운용회사의 업무위탁 영역 확대(제58조) | 완화 |

## 〈표 4-2〉 PEF 등록현황

(2006년 7월 말 현재)

| 구분 | | 등록일 | 사원 | | 출자(억 원) | |
|---|---|---|---|---|---|---|
| | | | 업무집행 | 유한책임 | 약정액 | 이행액 |
| 1 | 미래제1호 | '04.1.2.27 | 맵스자산운용 | 8인 | 1,400 | 1,400 |
| 2 | 우리제1호 | '05. 10.4. 해산 | 우리은행 | - | - | |
| 3 | 데본셔 | '05. 2.15 | 데보셔코리아 | 4인 | 300 | |
| 4 | 마르스제1호 | '05. 3. 7 | LG증권 | 1인 | 490 | |
| 5 | 칸서스제1호 | '05. 3.29 | 칸서스자산운용 | 3인 | 3,900.1 | 1,280.8 |
| 6 | KDB제1호 | '05. 5.9 | 산업은행 | 4인 | 3,000 | |
| 7 | 기업은행KTB | '05. 5.31 | 기업은행 KTB네트워크 | 6인 | 1,200 | 0.6 |
| 8 | 보고 | '05. 9. 2 | 보고 인베스트먼트 | 14인 | 5,110 | |
| 9 | 신한-국민연금 제1호 | '05. 9. 8 | 신한PE | 8인 | 3,000 | |
| 10 | MBK파트너스 | '05. 9. 8 | MBK파트너스 | 1인 | 3,750 | |
| 11 | 맥쿼리코리아 오퍼튜니티즈 | '05. 9. 26 | 맥쿼리코리아오 퍼튜니티즈 운용 | 8인 | 1,250 | 0.5 |
| 12 | 칸사스제3호 | '05. 0. 26 | 칸서스자산운용 칸서스파트너스 | 1인 | 310 | 305.9 |
| 13 | KTB2005 | '05. 9. 29 | KTB네트워크 KTB자산운용 | 9인 | 1,500 | |
| 14 | 미래에셋 파트너스제2호 | '05. 9. 29 | 맵스자산운용 | 1인 | 400.1 | 400 |
| 15 | H&Q-국민연금 | '05. 11. 2. | 한국 H&Q AP | 5인 | 3,000 | |
| 16 | FG10 | '05. 12. 27 | 파이낸스그룹텐 | 6인 | 363 | 363 |
| 17 | 기은-기보 | '06. 3. 7 | 기업은행 기보캐피탈 | 1인 | 510 | 229.5 |
| 18 | KTB-SB | '06. 4. 6 | KTB자산운용 | 3인 | 125 | 125 |
| 19 | 우리 | '06. 7. 6 | 우리PE | 9인 | 3,440 | |
| 총계 | | | 21인 | 102인 | 33,210.66 | 8,559.3 |

자료: 금융감독원(www.fsc.go.kr, www.fss.or.kr)

이러한 금융규제 완화 정책으로 PEF는 2004년 12월 27일 미래에셋파트너스1호 및 우리1호 PEF를 시작으로 총 19개 PEF가 설립되어 이중 17개(2005년 10월 7일 우리1호 해산, 2006년 3월 14일 칸서스1호 해산) PEF가 영업 중이다. 2006년 7월 말 현재 PEF는 대형(3000억 원 이상) 6개, 중형(3000~1000억 원) 5개, 소형(1000억 원 이하) 6개 등 17개가 등록되어 있고, PEF의 총 출자약정금액은 33,210.66억 원이며 총 출자이행액은 8,559.3억 원으로 약정액의 1/4 수준에 불과하다. 이렇게 약정액보다 이행실적이 적은 이유는 발굴-실사-협상-지분인수의 과정이 많은 시간을 요구하고, 특히 PEF의 전문성 내용 및 수준에 의해 제약받고 있는 것으로 생각된다.

현재 우리나라 PEF는 보고펀드, MBK파트너스펀드를 제외하고는 대부분이 비금융 중견·중소기업을 대상으로 하고 있으며, 유형은 대부분이 Buyout펀드이고 일부가 Mezzanine펀드이다. 현 단계에서 투자의 대부분은 재무적 투자이고, 펀드의 규모 및 전문성의 제약 등으로 인하여 전략적 투자는 아직 이루어지지 않고 있는 상황이다.

현재 우리나라의 PEF는 제도도입 초기로서 우리나라의 M&A시장이 최근 들어 위축되는 모습을 보이고 있고, PEF 운용능력 측면에서 볼 때 PEF 운용실적과 경험이 있는 무한책임사원이 부족하고, 장기·고위험 투자환경이 형성되지 못하여 유한책임사원의 참여가 저조한 국내 투자관행 등을 감안할 때 만족스럽지는 않지만 비교적 순조로운 출발이라 판단된다.

# 제6절 금융산업의 구조개선에 관한 법률

현행 금융산업의 구조개선에 관한 법률은 금융기관을 이용한 기업결합을 제한하기 위하여 다른 회사의 주식소유 한도를 규정하고 있다(제 24조). 금융기관 및 그 금융기관과 같은 기업집단에 속하는 금융기관이 아닌 다른 회사의 주식 20% 이상을 소유하거나 5% 이상을 보유하면 서 최다출자자가 될 경우 금융감독위원회의 승인을 얻어야 한다. 동법 시행령(제6조)에서는 금감위가 승인할 수 있는 다른 회사의 범위를 다른 금융기관, 신용정보업 등의 유관회사, 당해 금융기관의 효율적인 업무수행을 위해 필요한 회사 등으로 하고 있다.

최근 재경부는 종합투자계획에 금융기관의 참여를 촉진하기 위하여 현재 금융기관이 SOC 민간투자사업을 위한 특수목적회사의 최다출자자로 참여하는 것이 곤란하다는 점을 감안하여 금감위 승인기준에서 금융기관이 지배할 수 있는 회사에 「사회간접자본시설에 대한 민간투자법」에 따라 주무관청에 의하여 지정을 받은 민간투자대상사업을 위한 SPC를 추가하도록 하였다.(재경부 금융정책과 보도자료 05. 4. 11)

금산법과 관련하여 최근 삼성카드 보유 에버랜드 지분이 금산법을 위반하였는지 여부에 대하여 논란이 있다. 에버랜드 지분을 갖고 있던 삼성카드와 삼성캐피탈이 2004년 1월 말 합병하여 삼성카드가 되었다. 2003년 말, 삼성카드는 에버랜드의 지분 14.0%, 삼성캐피탈은 11.6%를 소유하고 있었으므로 합병법인인 삼성카드는 에버랜드의 지분 25.6%를 보유하게 되었다. 이것이 금산법 24조를 위반하게 된 것이다. 여기서 문제는 삼성카드가 에버랜드 지분 취득 당시 감독당국의 인가를 얻었는지, 즉 합병하면서 '20% 이상 보유 시의 승인 의무조항'에 따라 승인을 얻은 것인지가 논란이 되는 것이다.(디지털 타임스 2004-04-22)

이렇게 삼성그룹의 소유·지배구조와 맞물려 논란을 빚어온 금산법은 2006년 2월 27일 국회 재정경제위원회에서 표결을 거쳐 통과되었다. 이번 개정안이 국회 본회의를 통과할 경우, 삼성카드가 보유중인 에버랜드 지분(25.6%) 중 5% 초과분은 5년 이내에 강제처분(의결권은 즉시 제한)해야 하고, 삼성생명이 갖고 있는 삼성전자 지분(7.2%)은 2년의 유예기간을 거쳐 2008년부터 공정거래법 11조에 의해 의결권 제한 조치를 받게 된다.

### ■ 금산법 개정안

금융산업의 구조개선에 관한 법률 제24조는 기업집단에 속하는 금융기관이 금융기관이 아닌 다른 회사의 주식 20% 이상을 소유하거나 5% 이상을 보유하면서 최다출자자가 될 경우 금융감독위원회의 사전승인을 받도록 하고 있다. 이에 따라 다른 주주의 감자 등과 같이 비자발적으로 부득이하게 주식소유 비율이 상승하여 요건에 해당되는 경우는 자동적으로 위법상태에 놓이는 문제가 발생한다. 그러므로 다른 주주의 감자 등 대통령령이 정하는 부득이한 사유에 해당된 경우에는 일정기간 내에 금감위의 사후승인을 얻도록 절차를 보완할 필요가 있는 것이다.(재경부 보도자료 04-11-18)

법 제24조를 위반한 금융기관에 대하여는 벌칙이나 과태료의 부과는 가능하나8) 법적근거가 없어 주식처분 등 직접적인 시정조치가 어렵다는 문제가 있다. 따라서 금융기관이 벌칙이나 과태료만을 부담하고 주식을 매각하지 않을 경우 법 위반상태의 해소가 곤란하다는 문제가 남는다는 것이다.

그러므로 금융기관의 법 위반상태를 적극적으로 해소할 수 있도록 다음과 같이 제도를 보완하고자 하는 것이다.

① 승인을 얻지 않고 소유하는 주식에 대하여 의결권행사를 전면 금지
② 금융감독위원회에게 시정조치권을 부여
　－당해 위반행위에 대한 시정계획 제출·변경 요구
　－금융기관 및 임직원에 대한 주의·경고

---

8) 위반 시 제재수단: 관련 임원에 대한 벌칙(1년 이하 징역 또는 1천만 원 이하 벌금) 및 금융기관에 대한 과태료(2천만 원 이하) 부과(제24조는 97.1월, 벌칙/과태료는 00.1월 신설)

－임원의 해임요구・직무정지의 요구

－관련 주식의 전부 또는 일부의 처분 등

③ 주식처분명령 미 이행의 경우 이행강제금 부과

－주식 처분기한 경과 후 처분 시까지 매 1일당 보유 주식 장부가액의 1만 분의 3 이하의 이행강제금을 부과

법 개정 전 이미 제24조를 위반하여 주식을 소유한 경우는 종전규정(벌칙/과태료)에 따라 처리하도록 하고 이 경우 소유한 주식에 대해서는 의결권행사를 금지하게 하였다.

그러나 이 개정안의 문제점은 개정법 시행 이전의 법위반 행위에 대해서는 개정법의 적용을 받지 않도록(부칙 제2조 경과규정) 하였다는 것이다. 삼성카드 등 이미 초과지분 매각을 거부한 기업에 대해서는 시정할 방법이 없기 때문에 법 규정 자체가 무력화된다는 지적이 있다. 법 제24조 4항 "다른 주주의 감자 등 부득이한 사유로 인해 법위반 상황에 놓이게 되었을 경우 금감위의 사후승인만으로도 초과보유를 허용하는 것"은 산업자본과 금융자본 분리의 기본 취지와 불일치된다는 문제도 있다.(참여연대)(프레시안 04-12-20)

〈참고〉（론스타의 외환은행 인수 문제점）

2003년 론스타의 외환은행 인수 시 대주주의 자격과 관련한 문제가 있었다. 은행법 시행령 5조에 의하면 외국인이 은행주식 10% 이상을 보유할 경우 그 자격을 '은행업, 증권업, 보험업 또는 이에 준하는 업으로서 금융감독위원회가 인정하는 금융업을 영위하는 회사'로 규정하고 있다. 그러나 론스타는 금융기관이 아니라 사모펀드이므로 외환은행 인수의 자격이 없다는 것이다.

　　이러한 자격미달자 론스타가 외환은행을 인수한 근거는 금융산업의 구조개선에 관한 법률에 있다. 은행법 시행령에 의하면 금산법 규정에 따라 부실금융기관의 정리 등 특별한 사유가 있다고 인정되는 경우에 한해 은행인수자격에 예외를 둘 수 있다고 되어 있다. 즉 외환은행을 부실금융기관으로 분류하고 예외를 인정한 것이다. 여기서 부실징후가 있었느냐와 관련하여 BIS 자기자본비율 9.3%로 문제가 없었으나 추가 부실 발견 등의 최악의 시나리오에 의해 부실의 가능성이 존재한다는 것이 주된 이유였다.

　　그러나 최근 이와 관련해 론스타의 외환은행 지분보유가 은행법 위반이라는 지적이 나왔다. 론스타는 PEF로 은행의 대주주가 될 수 없었지만 2003년 10월 은행법 시행령 제8조 예외 조항을 적용받아 외환은행의 최대주주가 되었으나, 이와 별개로 금융감독위원회가 은행법 제16조를 적용한다면 론스타가 비금융주력자로 판정될 가능성이 높다는 것이다. 은행법상 동일인 중 비금융회사의 자본 총액이 전체 자본 총액의 25% 이상이거나, 동일인 중 비금융회사의 자산 총액이 2조 원을 초과하는 경우 비금융주력자에 해당되기 때문이다.

　　이에 대해 2007년 3월 12일 감사원은 외환은행 헐값 매각 의혹과 관련해 "금융감독위원회가 2003년 은행법상 인수자격이 없는 론스타에 외환은행이 팔리도록 승인한 사실이 감사 결과 최종 확인됐다."며 재발 방지를 위해 '적정한 조처 방안'을 마련하라고 금감위원장에게 통보했다. 이는 지금까지의 론스타의 외환은행 인수를 둘러싼 논란이 주로 국제결제은행(BIS) 기준 자기자본비율 조작 등 불법 행위에 초점이 맞춰졌기 때문에 간과되었던 비금융주력자에 대한 은행법상 소유제한이라는 부문이 부각되는 계기가 되었다. 다만 감사원은 적정한 조처와 관련해 애초 알려진 '직권취소'보다는 종합적인 판단 아래 신중한 결정을 내릴 것을 주문했다. 법을 어겼다 하더라도 승인처분을 취소해야 한다는 명문 규정이 은행법에는 없는데다, 재판이 진행 중인 만큼 법원의 판결에 따라 달라질 수 있는 정황을 종합적으로 고려할 수밖에 없다는 것이다.

# 제 7 절 금융지주회사법 관련 내용

우리나라의 금융지주회사 제도는 의무적인 장치가 아니라는 데 문제가 있다. 미국의 경우 은행을 지배하는 회사는 무조건 은행지주회사로 정의하고 감독당국의 허락 없이 은행을 지배하는 행위, 즉 금융지주회사가 되는 행위를 금지하고 있다. 그러나 우리나라의 경우 금융기관을 지배하는 회사라 하더라도 감독기관에 지주회사로서의 인가신청을 제출하지 않으면 금융지주회사가 아니고 따라서 이 법의 적용으로부터 자유로우며, 은행의 경우 은행법상의 자은행 조항에 의해 금융지주회사 제도를 통하지 않고도 얼마든지 다른 금융자본이나 은행에 의해 지배될 수 있음을 의미한다.(전성인, 2004) 다만 주식의 소유를 통하여 금융기관을 지배(금융기관에 투자한 지분의 가치가 모회사 대차대조표상 총자산의 50% 이상)하면서 금융지주회사의 인가를 받지 아니하는 경우에는 처벌을 받도록 하고 있다.(법 제70조 제1항)

그리고 우리나라 법은 일반지주회사와 금융지주회사를 분리하여 취급하고 있다. 공정거래법 제8조의 2 제1항에 의하면 금융지주회사는 금융업이나 보험업 혹은 이와 밀접한 관련이 있는 회사의 주식을 제외한 국내회사의 주식 취득을 금지하여 금융지주회사의 산업자본 투자를 금지하고 있다. 그리고 일반지주회사는 금융업이나 보험업을 영위하는 국내회사의 주식취득이 금지되므로 일반지주회사의 금융자본 투자도 금지하고 있다.

간접투자자산운용업법(제144조의 17)에 의하면 사모투자전문회사 또는 투자목적회사의 경우 10년 동안 독점규제및공정거래에관한법률에 의한 지주회사에 관한 규정을 적용하지 아니한다. 이에 따라 금융지주회사법에 의한 자회사는 동법 제19조의 규정에 의하여 비금융기업(산업자본)을 지배할 수 없도록 하고 있으나 사모투자전문회사의 지분은 취득할 수 있게 되었다.

## ▣ 금융지주회사법 시행령 개정

현행 금융지주회사법 시행령은 금융지주회사의 자회사(예: 은행, 보험사)가 지배할 수 있는 대상을 금융업(표준산업분류에 의한 금융·보험업)을 영위하는 회사로 한정하고 있다. 이로 인하여 금융지주회사의 자회사(예: 은행, 보험사)는 SOC 민간투자사업을 위한 SPC의 최다출자자가 되는 것이 제한되어 있다. 따라서 금융지주회사법 시행령을 개정하여, 금융지주회사의 자회사가 SOC 민간투자사업을 위한 SPC의 최다출자자가 되더라도, 동 SPC를 지배하지 않는 것으로 보도록 하였다.(재경부 금융정책과 보도자료 05. 5. 12)

현행 금융지주회사법 시행령은 금융지주회사 자회사(예: 은행)가 손자회사를 지배하는지 여부를 판단하는 기준을 동 자회사가 손자회사의 최다출자자인지의 여부로 규정하고 있다. 그러나 파트너십 형태인 PEF의 경우는 출자지분 과다에 관계없이 업무집행사원(GP)이 PEF를 실질적으로 지배한다. 현행 규정대로 지배여부를 최다출자자 여부로 판단할 경우, PEF를 실제로 지배하는 자는 업무집행사원(예: W은행)임에도 불구하고, 최다출자자(예: A기금)가 유한책임사원인 경우 동 유한책임사원(A기금)이 지배자가 되는 문제가 발생한다. 따라서 금융지주회사의 자회사가 PEF를 지배하는지 여부에 대한 판단기준을 동 자회사가 PEF의 최다출자자인지 여부로 하지 않고 동 자회사가 해당 PEF의 업무집행사원인지 여부로 결정하도록 한 것이다.

현행 금융지주회사 제도는 금융지주회사 체제의 투명한 지배구조 유지를 위하여 자회사의 다른 자회사·손자회사 주식(지분) 소유를 제한하고 있다. 이로 인하여 PEF의 유한책임사원은 해당 PEF의 자산운용 등 업무집행에 관여하지 못하는 단순한 포트폴리오투자자임에도 불구하고 금융지주회사의 자회사가 다른 자회사의 손자회사인 PEF에 유한 책임사원이 될 수 없는 불합리한 측면이 있다. 금융지주회사의 A 자회사(자산운용사)가 운용하는 펀드(투자신탁 또는 뮤추얼펀드)에 B 자회사(은행 등)가 투자할 수 있으나, A 자회사가 업무집행사원인 PEF에 B 자회사가 투자할 수는 없다. 따라서 금융지주회사의 자회사가 업무집행사원인 PEF에 동 금융지주회사의 다른 자회사가 유한책임사원으로 투자하는 것은 허용된다는 것이다.

〈참고〉 (에버랜드의 금융지주회사 규제 회피)

에버랜드 소유 삼성생명 지분 평가를 둘러싼 삼성과 참여연대 간 공방이 치열하다. 2005년 5월 16일 삼성 측에서 에버랜드가 보유한 삼성생명의 주식에 대한 평가방법을 지분법에서 원가법으로 바꾼다고 공표하자 참여연대가 강력하게 반발하였다. 왜냐하면 삼성생명 주식에 대한 평가방법의 문제는 삼성의 지배구조 근간을 흔들 수 있는 중요한 문제이기 때문이다.

에버랜드는 삼성생명의 주식 19.34%(제일은행에 신탁한 6% 포함)를 보유하고 있고, 삼성생명은 삼성전자의 주식 7.25%를 보유한 것을 비롯하여 삼성계열사의 주식 다수를 보유하고 있다. 즉 에버랜드는 삼성생명을 통하여 삼성계열사를 장악함으로써 사실상 삼성의 지주회사 역할을 하고 있는 셈이다.

에버랜드의 지분구조를 보면, 이재용이 25.1%, 그의 여동생 3명이 각각 8.37%, 그리고 이건희 회장이 3.72%를 보유하여, 이건희 회장의 직계가족이 53.93%의 지분을 보유하고 있다. 즉 '이재용 -> 삼성에버랜드 -> 삼성생명 -> 삼성전자 및 기타 계열사'가 삼성 지배구조의 핵심고리이다.

우리나라의 금융지주회사법에 의하면, A회사가 금융기관인 B회사의 주식을 보유하고 있으며 그 주식보유액이 A회사 자산총액의 50%를 초과하게 될 경우 A회사는 금융지주회사의 요건에 해당한다. 삼성에버랜드의 경우 2003년 12월 31일 현재 보유한 삼성생명 주식평가액이 삼성에버랜드 자산 총액의 50%를 초과하여 금융지주회사 요건에 해당하게 된 것이다. 삼성에버랜드가 금융지주회사에 해당되는 경우 금융지주회사법 제19조에 의거하여 금융자회사인 삼성생명은 자신이 업무와 관련 있는 금융기관 외의 타 회사를 지배할 수가 없게 되며, 삼성에버랜드는 공정거래법 제8조의 2에 의거하여 금융업이나 보험업 외의 타 회사 주식을 보유할 수 없다. 이 경우 삼성에버랜드와 삼성생명이 보유한 삼성계열사의 주식의 상당부분을 매각하거나 의결권을 상실하게 된다. 이는 삼성 지배구조의 연결고리가 끊어짐을 의미하고, 이재용에 대한 경영권 승계는 물론이고 이건희 회장의 경영권마저 위협받을 수 있는 상황을 초래하게 된다.

이에 따라 금융지주회사에서 벗어나기 위한 작전에 착수하였다. 우선 필요도 없는 차입금을 늘려 삼성생명 주식평가액 비중을 다시 50% 미만으로 묶어두었다(차입금이 늘 경우 자산총액도 늘어나므로 같은 크기의 주식평가액이라도 그 비중은 줄어들게 된다).

그러나 이는 임시방편에 불과하다. 삼성생명이 매년 순이익을 기록할 때마다 삼성에버랜드가 보유한 주식평가액 비중은 계속 늘어날 것이기 때문이다. 주식평가액 비중을 줄이기 위해 매년 필요도 없는 차입금을 늘릴 수는 없는 노릇이다.

그리하여 삼성생명 주식의 평가방법을 지분법에서 원가법으로 바꾸는 방법을 택한 것이다. 주식평가에 있어서 지분법이란 매년 피투자회사(자회사)의 경영실적을 반영하는 평가방법인 데 비해, 원가법은 최초 취득원가를 그대로 유지하는 평가방법이다. 에버랜드가 삼성생명의 주식을 원가법으로 평가하게 되면 삼성생명이 아무리 큰 이익을 올려도 주식평가액은 변동이 없으므로 그 비중을 계속 50% 밑으로 묶어 둘 수가 있다.

　　지금 참여연대와 삼성 사이에 논쟁이 되는 것은 지분법에서 원가법으로 주식평가방법을 바꾼 것이 기업회계기준 해석상 올바르냐 하는 점이다. 현행 기업회계기준에 의하면, 20% 이상의 지분을 보유한 경우에는 당연히 지분법이 적용되지만, 20%가 안 되는 지분을 보유한 경우에도 투자회사가 피투자회사에 중대한 의사결정권을 행사할 수 있는 경우에는 지분법을 적용해야 하는 것으로 되어 있다.

　　에버랜드가 보유한 삼성생명의 주식은 20%를 조금 밑돌기 때문에 에버랜드가 삼성생명에 대하여 사실상 중대한 의사결정권을 행사할 수 있느냐 여부를 둘러싸고 논쟁이 벌어지고 있었다.

　　삼성의 경우 '에버랜드 → 삼성생명 → 삼성전자 → 삼성카드 → 에버랜드로 이어지는 순환출자 구조에서 삼성생명과 삼성카드를 떼어 낼 경우 총수 일가 중심의 소유·지배 체제에 금이 갈 수밖에 없다. 따라서 2006년 12월 22일, 국회가 통과시킨 금융산업구조개선법 개정안을 삼성이 준수한다는 것을 전제했을 때, 삼성은 두 가지 제약을 받게 된다. 삼성카드의 에버랜드 지분 가운데 5% 초과분인 20.64%에 대해 의결권을 제한받고 이를 매각해야 한다. 또 하나는 삼성생명의 삼성전자 지분 7.26% 가운데 5% 초과분인 2.26%는 2년 뒤인 2009년부터 공정거래법(11조)에 따라 의결권을 제한받게 된다.

　　삼성카드의 에버랜드 지분 매각 조처는 강경해보여도 삼성의 권력구조에는 변수가 되기 어렵다. 삼성카드 지분을 전부 털어 내더라도 이건희 회장(3.7%), 이재용 삼성전자 상무(25.6%)를 비롯한 특수관계인 지분이 60%를 넘어서기 때문이다. 다만, 이 경우 문제가 되는것은 삼성카드 지분을 누구에게 얼마에 파는가인데, 이는 사회적 논란을 불러일으킬 수 있다. 삼성카드는 에버랜드 주식을 1주당 10만 원에 사들인 반면, 이재용 씨 남매는 10분의 1에도 못 미치는 7700원에 매입했다. 삼성카드가 매입 당시의 가격대로 제값을 받고 에버랜드 주식을 팔 경우 이건희 회장에서 이재용 상무로 이어지는 상속 과정의 법적·도덕적 정당성이 다시 도마에 오를 수밖에 없다. 그러나 삼성 측에서 볼 때 이보다 더 관심이 가는 것은 삼성생명의 삼성전자 지분 의결권 제한 조처일 것이다. 2년의 유예기간을 확보했고 지분을 매각하지는 않아도 된다지만, 삼성생명의 전자 지분은 삼성의 권력구조에서 핵심 중의 핵심이다. 이렇게 본다면 금산법 개정에 따른 삼성의 권력구조에는 변화가 없다고 볼 수 있다. 삼성전자에 대한 삼성생명의 지배력이 감소할 뿐 총수 가문을 중심으로 하는 지배력은 유지된다.

변수가 있다면, 에버랜드가 공정거래법상 금융지주회사가 되는 것을 피하기 어려운 상황에 맞닥뜨릴 수 있다는 것이다. 에버랜드가 금융지주회사가 되면, 에버랜드 스스로 또는 삼성생명을 통해서도 삼성전자 주식을 1주도 소유할 수 없게 된다. 삼성그룹이 생명을 중심으로 하는 금융자본그룹과 전자를 중심으로 하는 산업자본그룹으로 쪼개지는 결과를 초래할 수도 있다는 것이다.

〈표 4-3〉우리나라 은행법과 금융지주회사법상의 주식보유관련 조항비교

| | 은행법 | 금융지주회사법 |
|---|---|---|
| 동일인 소유 한도 | 제15조 1항 동일인은 금융기관 의결권 있는 발행주식의 10%를 초과하여 보유할 수 없음. 다만 정부와 예보가 보유하는 주식은 예외. 지방은행 주식소유한도는 15%로 함 | 제8조 동일인은 은행지주회사의 의결권 있는 발행주식총수의 10% 초과보유 금지. 다만 정부, 예보 및 은행지주회사(제13조)는 예외. 지방은행지주회사의 경우 15%까지 보유가능 |
| 금감위 보고 | 제15조 2항 금융기관 발행주식의 4%를 초과하여 보유하게 된 때, 금융기관의 최대주주가 된 때, 그리고 이들의 지분보유로 금융기관 발행주식의 1% 이상이 변동한 때에는 금감위에 보고해야 함 | 제8조 2항 은행지주회사 발행주식의 4%를 초과하여 보유하게 된 때, 은행지주회사의 최대주주가 된 때, 그리고 이들의 지분보유로 은행지주회사 발행주식의 1% 이상이 변동한 때에는 금감위에 보고해야 함 |
| 금감위 승인 후 주식 보유 | 제15조 3항 동일인은 금감위가 승인하는 경우 금융기관 발행주식의 10%, 25%, 33% 등을 초과하여 보유가능 | 제8조 3항 동일인은 금감위가 승인하는 경우 은행지주회사 발행주식의 10%, 25%, 33% 등을 초과하여 보유가능 |

| | 은행법 | 금융지주회사법 |
|---|---|---|
| 한도초과 주식의 의결권 제한 | 제16조 1항 한도초과 보유 금융기관 주식에 대해서는 의결권을 제한 | 제10조 1항 한도초과 보유 은행지주회사 주식에 대해서는 의결권을 제한 |
| 비금융주력자(산업자본) 주식보유제한 | 제16조의 2 비금융주력자는 금융기관 발행주식의 4%(지방은행 15%)를 초과하여 보유할 수 없음. 다만 금감위가 승인하는 경우 의결권행사 없이 보유가능. 전환계획을 승인받은 자 및 외국인은 10%까지 보유가능 | 제8조의 2 비금융주력자는 은행지주회사 발행주식의 4%(지방은행 15%)를 초과하여 보유할 수 없음. 다만 금감위가 승인하는 경우 의결권행사 없이 보유가능. 전환계획을 승인받은 자 및 외국인은 10%까지 보유가능 |
| 동일차주 신용공여한도 | 제35조 금융기관은 자기자본의 25% 초과하여 동일차주에게 신용공여를 할 수 없음(동일개인 또는 법인의 경우 20%). 금융기관 자기자본의 10%를 초과하는 거액신용공여의 합계액은 금융기관 자기자본의 5배를 초과할 수 없음. | 제45조 금융지주회사 등은 자기자본의 25% 초과하여 동일차주에게 신용공여를 할 수 없음(동일개인 또는 법인의 경우 20%). |
| 대주주 신용공여한도 | 제35조의 2 금융기관은 대주주에게 자기자본의 25% 또는 대주주출자비율 중 적은비율 금액을 초과하는 신용공여 금지. 다른 금융기관과 교차하여 신용공여 금지 | 제45조의 2 은행지주회사는 대주주에게 자기자본의 25% 또는 대주주출자비율 중 적은 비율 금액을 초과하는 신용공여 금지. 다른 은행지주회사 등과 교차하여 신용공여 금지 |
| 대주주발행주식 취득제한 | 제35조의 3 금융기관은 자기자본의 1% 범위 안에서 대통령령이 정하는 비율에 해당하는 금액을 초과하여 당해 금융기관의 대주주가 발행한 주식 취득 금지. | 제45조의 3 은행지주회사 등은 자기자본의 1% 범위 안에서 대통령령이 정하는 비율에 해당하는 금액을 초과하여 당해 은행지주회사의 대주주가 발행한 주식 취득 금지. |
| 다른 회사 출자 제한 | 제37조 다른 회사 의결권 있는 발행주식의 15% 초과 소유 금지.<br>자회사 출자 합계액이 금융기관자기자본의 20% 이내인 경우 15% 초과 소유 가능. | 제44조 금융지주회사는 자회사 등이 아닌 회사의 발행주식총수의 5% 이내에서 다른 회사의 주식을 소유할 수 있음 |

## 대주주와의 거래에 대한 현행 자산운용규제제도

### 〈표 4-4〉 금융기관별 대주주 신용공여한도

| 권 역 | 적용대상 | 제한내용 | |
|-------|----------|----------|--------|
| 은 행 | 대주주 | 신용공여한도 | 자기자본의 25%와 출자비율 상당액 중 적은 금액 |
| 보 험 (개정법) | 자기계열집단 | 대출한도 | 자기자본의 40% 또는 총자산의 2% 중 작은 금액 |
| 증 권 | 최대주주, 주요주주, 임원, 특수관계인 | 금지 | |
| 투 신 | 계열회사 | 금지 | |
| 상호저축 | 2%이상 출자자, 임직원, 특수관계인 | 금지 | |
| 여 전 | 자기계열사 | 여신한도 | 자기자본의 100% |
| 종 금 | 관계인(주주, 임원, 자회사 등) | 신용공여한도 | 자기자본의 15% |

### 〈표 4-5〉 금융기관별 유가증권 보유한도

| 권 역 | 적용대상 | 제한내용 | |
|-------|----------|----------|--------|
| 은 행 | 대주주 | 주식취득한도 | 자기자본의 1% |
| 보 험 (개정법) | 자기계열집단 | 채권, 주식소유와 이를 담보로 한 대부 | 자기자본의 60% 또는 총자산의 3% 중 작은 금액 |
| 증 권 | 최대주주, 주요주주, 임원, 특수관계인 | 주식·채권·CP | 자기자본의 8% |
| 투 신 | 계열회사 | 주식 | 개별 계열사 발행 주식 : 각 신탁재산의 10% 전계열사 발행 유가증권 : 전계열사의 투신사 출자비율 |
| 상호저축 | 동일계열 | 주식 | 자기자본의 5% |
| 여 전 | 규정 없음 | | |
| 종 금 | 대주주 및 특수관계인 | 주식 | 자기자본 5% |

자료: 금융감독원, 보도자료, 2003.6.17

# 제 8 절 우리나라 은행산업의 소유구조

## 1. 우리나라 은행산업의 특징

우리나라의 금융시스템은 경제개발 초기부터 차입의존도가 높은 은행중심적 시스템이었다.(KDI, 2001) 최근 직접금융의 비중이 증가하고 있으나 탈금융중개화(dis-intermediation) 또는 시장중심적 금융시스템으로 전환된 것으로 보기는 어렵다. 전통적으로 우리나라 기업들은 내부자금보다 외부자금에 의존하고, 특히 중소기업의 경우 간접금융의 비중이 매우 높은 편이어서 금융시스템에서 은행이 매우 중요한 역할을 하고 있는 실정이다. 그렇지만 정부가 경제개발을 주도하는 과정에서 은행의 경영과 자금배분과정에 직접적으로 개입함에 따라 자금공급자인 은행의 기업감시기능이 부재한 문제점을 내포하고 있다.

또한 정부의 지나친 금융개입으로 은행의 자율경영 기반이 취약하고 대내외 경쟁력 약화가 초래되어 은행이 경제환경 변화에 탄력적으로 대응하는 능력을 갖추는 데 소홀하였다고 볼 수 있다. 그리고 이러한 관치금융으로 다양화 복잡화해 가는 실물경제활동을 원활히 뒷받침하지 못하고 경제발전의 걸림돌로 작용한 측면도 있다.

은행이 기업에 대한 정보를 생산하지 못하고 기업경영을 제대로 감시할 유인을 제공받지 못하여 사전심사기능의 미비로 담보대출 관행에 의존하게 되었으며, 여신건전성이 경기변동의 충격에 더욱 취약하게 되고 금융중개비용도 높아지게 되었다. 또한 은행이 기업의 과다부채누적을 방지하고 중복투자 및 과잉투자를 제어하는 역할을 수행하지 못하여 자원배분의 왜곡과 금융시스템 전체의 효율성 저하를 초래하였다.

우리나라의 경우 기업의 소유집중도가 높고, 시장에서 적대적 M&A가 활발하게 일어나지 못하며 민간 기관투자가의 역할이 부족한 상황

에서 기업에 대한 감시 통제기능은 자본시장에 의한 규율보다 은행의
역할수행을 통해 이루어질 수밖에 없었다.


## 2. 우리나라 은행소유구조

### 〈표 4-6〉 우리나라 은행소유구조

| 은행 | 대주주 | 유형 | 지분율 |
|---|---|---|---|
| 제주은행 | 신한금융지주 | Bank | 62.40 |
| 조흥은행 | 신한금융지주 | Bank | WO |
| 한국시티은행 | CITIGROUP INC | Bank | 100.00 |
| 대구은행 | 삼성생명 | Insurance | 7.36 |
| | SSB-SMALL CAP | Industrial | 5.00 |
| | TEMPLETON INVESTMENT TRUST MANAGEMENT CO. | Mutual & P | 2.80 |
| | TEMPLETON GLOBAL SMALLER | Industrial | 1.63 |
| | 동일산업 | Industrial | 1.61 |
| | 현대투자신탁 | Mutual & P | 1.51 |
| | 박연구 | Individual or family | 1.42 |
| | BBHK-ARISAIG KOR FD | Industrial | 1.13 |
| | 국민연금 | Financial | 1.13 |
| | BONIL/BONYE MERRLLYNCH IN | Industrial | 1.02 |
| | | | |
| 하나은행 | ALLIANZ AKTIENGESELLSCHAFT | Insurance | 5.00 |
| | 동원그룹 | Industrial | 4.71 |
| | INTERNATIONAL FINANCE CORPORATION - IFC | Bank | 4.37 |
| | 포스코 | Industrial | 3.29 |
| | 두산그룹 | Industrial | 3.15 |
| | 동부그룹 | Industrial | 2.76 |
| | MSCO-STANDPACCAP | Industrial | 2.14 |
| | MSIL-SRINV(L) LTD | Industrial | 1.09 |
| | 코오롱그룹 | Industrial | - |

| 은행 | 대주주 | 유형 | 지분율 |
|---|---|---|---|
| 기업은행 | 재정경제부 | State, Public authority | 57.69 |
| | 개인 등 | Other unnamed shar., agg. | 16.36 |
| | GLOBAL DEPOSITARY SHRES | Industrial | 11.09 |
| | 수출입은행 | Bank | 10.00 |
| | 한국산업은행 | Bank | 2.59 |
| | 종업원지주 | Employees/Managers | 2.27 |
| 전북은행 | | | |
| 국민은행 | CAPITAL INTERNATIONAL INC | Mutual & P | 5.01 |
| | ING INSURANCE INTERNATIONAL B.V. | Insurance | 3.78 |
| | GOLDMAN SACHS & CO | Industrial | 1.13 |
| | 한국투자신탁 | Mutual & P | - |
| | 미래에셋투자신탁 | Mutual & P | - |
| 외환은행 | LONE STAR FUND | Mutual & P | 51.00 |
| | COMMERZBANK AG | Bank | 14.75 |
| | OTHERS | Other unnamed shar., agg. | 14.07 |
| | 수출입은행 | Bank | 14.00 |
| | 한국은행 | Bank | 6.18 |
| 제일은행 | KFB NEWBRIDGE HOLDINGS | Industrial | 48.56 |
| | 예금보험공사 | Insurance | 48.49 |
| | 재정경제부 | State, Public authority | 2.95 |
| 광주은행 | 우리금융지주 | Bank | 99.90 |
| | 예금보험공사 | Insurance | - |
| 경남은행 | 우리금융지주 | Bank | 99.90 |
| | 예금보험공사 | Insurance | - |
| | 쌍용투자증권 | Mutual & P | - |

| 은행 | 대주주 | 유형 | 지분율 |
|---|---|---|---|
| 부산은행 | 롯데제과 | Industrial | 14.11 |
| | SMALL CAPITAL WORLD FUND INC | Mutual & P | 3.20 |
| | 파크랜드 | Industrial | 2.98 |
| | 한국철강 | Industrial | 2.14 |
| | 박연구 | Individual or family | 1.64 |
| 신한은행 | 신한금융지주 | Bank | 100.00 |
| 신한금융지주 | 개인 등 | Other unnamed shar., agg. | 67.79 |
| | 신한은행 | Bank | 10.15 |
| | BNP PARIBAS | Bank | 4.61 |
| | EMERGING MARKETS GROWTH FUND INC | Mutual & P | 4.53 |
| | 국민연금 | Mutual & P | 4.53 |
| | EUROPACIFIC GROWTH FUND | Mutual & P | 3.87 |
| | CITIBANK NA | Bank | 2.44 |
| | STATE OF SINGAPORE | State, Public authority | 2.04 |
| 우리은행 | 우리금융지주 | Bank | 100.00 |
| | 예금보험공사 | Insurance | - |
| 우리금융지주 | 예금보험공사 | Insurance | 86.80 |
| | 외국인 | Other unnamed shar., agg. | 4.50 |
| | 개인 등 | Individual or family | 4.20 |
| | 국내금융기관 | Other unnamed shar., agg. | 1.80 |
| | CAPITAL GROUP INC | Mutual & P | 0.82 |
| | TEMASEK HOLDINGS | Industrial | 0.51 |

자료: OSIRIS DB(2005)

우리나라의 은행소유구조를 보면 대주주 숫자가 적고 대주주 지분이 높은 편이며, 소유규제가 약한 지방은행의 경우 산업자본의 지배가능성이 크다고 볼 수 있다. 그리고 엄격한 소유규제하에서도 대주주의 담합으로 산업자본의 은행지배 가능성은 여전히 존재하고 있다. 또한 금

융의 개방화와 자율화로 정부의 일방적인 개입이 불가능한 상황이므로
재벌의 지배력 행사 가능성도 높아질 수 있다.

## 3. 은행민영화의 필요성

우리나라는 IMF 금융위기로 인하여 엄청난 공적자금이 금융기관에
투입되면서 금융기관에 대한 정부지분 비율이 급증하였다. 이후 공적자
금투입은행의 지분매각이 점진적으로 이루어졌다. 그 내용을 보면 정부
는 공적자금투입은행 중 제일은행의 경영권은 해외 투자펀드에 넘겼으
며 제주은행, 서울은행 및 조흥은행의 경영권은 국내 우량은행에 각각
이양한 바 있다. 또한 정부는 2002년 6월 우리금융지주회사의 지분
11.8%를 국내 주식시장에서 매각하였으며, 2003년 6월에는 정부가 보
유하고 있던 조흥은행 지분(80%)을 신한금융지주회사에 매각하였다.
2005년 4월에는 스탠다드차타드은행이 제일은행을 인수하게 됨에 따라
정부가 일부 보유하고 있던 제일은행 지분마저 매각하기에 이르렀다.
따라서 현재 정부는 우리금융지주회사 지분 86.8%를 보유하고 있는 실
정이다.

정부는 은행의 경영주체가 아니라 은행감독주체라는 점에서 은행의
소유권을 가급적 민간에 이양하는 것이 바람직한 것으로 인식되고 있
다. 또한 은행민영화는 은행의 경영효율성 제고, 자금배분의 효율성 제
고, 은행 간 공정경쟁여건 조성 등을 달성하기 위한 필수요건으로 알
려져 있다. 각국 자료를 이용한 최근의 여러 실증분석에 따르면 정부
의 은행소유는 금융부문의 발전과 안정성을 해칠뿐더러 경제성장에도
부정적인 영향을 미치는 것으로 나타나고 있으며, 특히 소득수준이 낮
은 국가일수록 그러한 부정적 영향이 더욱 큰 것으로 나타난다.(La
Porta et al., 2000)

이와 같이 정부보유 은행지분의 매각을 통한 금융기관 민영화에 대해서는 대체로 의견일치를 보이고 있다. 그러나 그 방법에 관하여는 매우 다양한 의견들이 제시되고 있으며, 몇 가지 측면에서는 아주 첨예한 대립 양상마저 보이고 있다.

그러나 그 구체적인 방법이 어떠하든 우리나라의 은행민영화는 다음의 사항을 고려하여 이루어져야 할 것이다.

먼저 예금보험기금채권의 발행을 통하여 조성하고 투입한 공적자금 회수의 극대화가 하나의 목표여야 한다는 것이다. 그리고 은행민영화와 관련하여 산업자본의 은행지배뿐만 아니라 외국자본의 은행지배문제도 고려해야 한다는 것이다.(KDI 2001, 금융산업 발전방안)

향후 금융부문의 부실예방과 기업부실문제의 신속한 해결을 위해 은행의 기업심사 감시기능이 강화되어야 할 것이다. 은행이 국유화되어 있고 정부가 대주주로서 은행경영에 영향력을 행사하는 것은 바람직하지 못하다. 과거 은행민영화가 민유화에 그치고 실질적인 경영자율화를 이루지 못한 경험이 있다.

은행민영화는 소유구조의 변화만을 의미하는 것이 아니라 지배구조의 변화까지 포함하는 개념으로 추진되어야 할 것이다. 최근 외환위기 이후 구조조정과정에서 수익성과 위험관리의 개념이 확산됨에 따라 건전성, 책임성과 투명성을 중시하는 행동양식이 자리 잡고 있다. 은행의 지배구조가 개선되면 국유화된 은행의 경영성과는 소유구조에 관계없이 경영층에 대한 동기부여와 금융시장의 구조에 의해 제고될 수 있다. 다른 한편 우리나라 은행의 구조조정 및 금융권 전반의 구조개혁을 위해서는 은행소유권의 민간이전이 신속하게 추진되어야 할 것이다.

## 〈표 4-7〉 상호출자제한기업집단 소속 금융회사 현황

(2004. 11. 1. 기준, 단위: 개)

| 순위 | 기업집단명 | 회사 수 | 소속회사명 |
|---|---|---|---|
| 1 | 한국전력공사 | 11(0) | |
| 2 | 삼성 | 64(8) | 삼성벤처투자(주), 삼성생명보험(주), 삼성선물(주), 삼성증권(주), 삼성카드(주), 삼성투자신탁운용(주), 삼성화재해상보험(주), (주)생보부동산신탁 |
| 3 | 엘지 | 49(1) | (주)부민상호저축은행 |
| 4 | 현대자동차 | 27(2) | 현대캐피탈(주), 현대카드(주) |
| 5 | 에스케이 | 53(4) | 에스케이생명보험(주), 에스케이증권(주), 에스케이캐피탈(주), 글로벌신용정보(주) |
| 6 | 한국도로공사 | 3(0) | |
| 7 | 케이티 | 10(1) | |
| 8 | 한진 | 24(2) | 동양화재해상보험(주), 한불종합금융(주) |
| 9 | 롯데 | 38(2) | 롯데캐피탈, 롯데카드(주) |
| 10 | 포스코 | 17(1) | 포스텍기술투자(주) |
| 11 | 대한주택공사 | 2(0) | |
| 12 | 한화 | 32(6) | 한화기술금융, 한화증권(주), 한화투자신탁운용(주), 한화파이낸스(주), 대한생명(주), 신동아화재(주) |
| 13 | 한국토지공사 | 2(1) | (주)한국토지신탁 |
| 14 | 현대중공업 | 6(3) | 현대기술투자(주), 현대기업금융, 현대선물(주) |
| 15 | 금호아시아나 | 15(2) | 금호생명보험(주), 금호종합금융(주) |
| 16 | 한국가스공사 | 2(0) | |
| 17 | 두산 | 20(1) | 네오플럭스캐피탈(주) |
| 18 | 동부 | 22(6) | (주)동부상호저축은행, 동부생명보험(주), 동부증권(주), 동부캐피탈(주), 동부투자신탁운용(주), 동부화재해상보험(주) |
| 19 | 현대 | 7(1) | 현대증권(주) |
| 20 | 대우건설 | 14(0) | |
| 21 | 신세계 | 12(0) | |

| 순위 | 기업집단명 | 회사 수 | 소속회사명 |
|---|---|---|---|
| 22 | 엘지전선 | 16(0) | |
| 23 | 씨제이 | 59(3) | 씨제이창업투자(주), 씨제이자산운용(주), 씨제이투자증권(주) |
| 24 | 동양 | 16(8) | 동양생명보험(주), 동양선물(주), 동양오리온투자증권(주), 동양창업투자(주), 동양캐피탈(주), 동양투자신탁운용(주), 동양종합금융증권(주), 동양파이낸셜(주) |
| 25 | 대림 | 12(1) | 웹텍창업투자(주) |
| 26 | 효성 | 16(1) | 효성캐피탈(주) |
| 27 | 동국제강 | 8(0) | |
| 28 | 지엠대우 | 3(0) | |
| 29 | 코오롱 | 30(2) | (주)아이퍼시픽파트너스, 코오롱캐피탈(주) |
| 30 | 케이티앤지 | 7(0) | |
| 31 | 농업기반공사 | 2(0) | |
| 32 | 대우조선해양 | 2(0) | |
| 33 | 현대백화점 | 18(0) | |
| 34 | 케이씨씨 | 9(2) | 유리제우스주식형사모펀드일호, 유리패시브주식형사모펀드 |
| 35 | 하나로통신 | 4(0) | |
| 36 | 한솔 | 9(0) | |
| 37 | 동원 | 17(6) | 동원증권(주), 동원캐피탈(주), (주)동원상호저축은행, 동원창업투자(주), 동원비엔피투자신탁운용(주), 동원금융지주(주) |
| 38 | 대한전선 | 11(2) | 한국산업투자(주), (주)케이아이파트너스 |
| 39 | 세아 | 26(0) | |
| 40 | 영풍 | 19(0) | |
| 41 | 현대산업개발 | 11(1) | 아이투자신탁운용(주) |
| 42 | 태광산업 | 43(4) | (주)고려상호저축은행, 태광투자신탁운용(주), 흥국생명보험(주),한국도서보급(주) |
| 43 | 대우자동차 | 3(0) | |
| 44 | 부영 | 6(1) | (주)부영파이낸스 |
| 45 | 농심 | 12(0) | |
| 46 | 하이트맥주 | 12(0) | |

| 순위 | 기업집단명 | 회사 수 | 소속회사명 |
|---|---|---|---|
| 47 | 대성 | 40(2) | (주)바이넥스트하이테크, 액츠투자자문(주) |
| 48 | 동양화학 | 18(0) | |
| 49 | 문화방송 | 32(0) | |
| 50 | 한국타이어 | 8(0) | |
| 51 | 삼양 | 8(0) | |
| | 합  계 | 908 | □ 비금융 · 보험회사: 834<br>□ 금융 · 보험회사: 74 |

자료: 공정거래위원회, 상호출자제한기업집단 소속 금융회사 현황, 2004. 11. 1.

# 제 5 장
## 정책적 시사점

# 제1절 은행소유규제의 문제점과 개선방안

## 1. 은행주식 보유한도제도에 대한 평가

대부분의 나라에서 은행소유를 규제하는 목적은 은행을 소유하는 특정인 또는 특정집단이 은행경영에 과도한 영향력을 행사하여 은행의 건전성이 저하되거나 부실화되는 것을 방지하기 위함이다. 이에 따라 우리나라의 경우 미국, 일본 등과 유사하게 은행주식의 보유한도를 두고 동 한도의 초과보유를 원천적으로 금지하고 있다. 이에 비해 유럽 국가들의 경우 대주주에 대한 자격심사를 통해 전문성, 건전성 등 일정한 자격을 갖춘 자에게만 은행소유를 허용하고 있다. 즉 어떤 개인이나 법인이 은행을 소유하고 지배하는 경우에 이들에게 건전성 의무를 부여하고 보다 강화되고 엄격한 시장규율 및 금융감독을 받도록 한다.

우리나라와 같은 사전적 규제는 선택의 자유를 제한한다는 문제가 있으며, 보유한도 초과를 금지함에 따라 산업자본의 은행소유는 물론 국내 연기금 등 기관투자가들이 투자목적으로 은행주식을 소유하는 것도 곤란한 결과를 초래한다는 주장도 있다.(KDI, 2001) 그리고 은행주식의 한도초과를 금지하더라도 교차지원 및 주주 간 담합 등으로 인한 대주주의 전횡 가능성을 배제할 수 없으므로 이 문제는 금융감독의 강화로 해결해야 한다고 주장한다.

그러나 우리나라의 경우 금융감독 당국에 대해서는 신뢰성 문제가 끊임없이 대두되고 있는 실정이다. IMF 금융위기 이후 금융구조조정 일환으로 외국계 사모펀드에 주요은행을 매각하는 과정에서 보여주었던 불투명성, 특히 론스타의 외환은행 인수과정에서의 수많은 의혹들은 금융감독 당국에 대해 신뢰를 주지 못하는 요인으로 작용하고 있다. 그리고 삼성의 에버랜드가 금융지주회사 적용을 회피하고 삼성카드의 금산법위반 시에 금융감독 당국이 취해 왔던 미온적인 태도 등을 감안하면 여전히 신뢰성에 의문이 제기되고 있는 것이다.

우리나라의 정책당국은 신용배분을 적극적으로 장악하고 기업의 투자, 진입, 퇴출, 재무 등 경영전반을 직접 감시하며 규제하여 왔다. 우리나라의 금융제도는 기업금융 측면에서 경제개발 초기부터 지금까지 은행이 기업금융을 담당하여 왔으므로 은행중심 금융구조이다. 기업지배구조 측면에서는 경제개발 과정에서 정부가 산업자금을 지원하기 위해 은행의 내부경영과 자금배분과정에 직간접적으로 개입함에 따라 은행의 기업에 대한 감시와 통제역할 수행이 어려웠다.(김광묵, 2001) 또한 자본시장도 기업의 감시와 통제를 위한 시장규율을 제공하지 못하고 있다.

이에 따라 보유한도를 완화해야 한다는 견해가 있다. 현행 소유규제 하에서는 대주주의 감시를 통한 책임경영을 촉진하는 데 현실적으로 한계가 있고 국유은행의 민영화 및 자본확충을 촉진하기 위해서는 은행소유규제의 완화가 필요하다는 주장이다.

그러나 재벌의 은행 사금고화를 방지할 수 있는 실질적인 대안이 없는 한 현행 소유규제를 유지해야 할 것이다. IMF 금융위기 이후 금융감독기능이 강화되었음에도 불구하고 사금고화를 방지하기에는 감독능력 등 감시장치가 불충분하며, 감독능력이 충분하더라도 감독을 철저히 수행할 의지가 부족하다고 볼 수 있다.


## 2. 산업자본의 은행지배 가능성

우리나라 은행의 소유구조를 보면 대주주 숫자가 적고 대주주 지분이 높은 편이며 소유규제가 약한 지방은행에 대한 산업자본의 지배비중이 높기 때문에 대주주의 담합으로 산업자본의 은행지배 가능성이 존재한다. 금융의 개방화와 자율화로 정부의 일방적인 개입이 불가능한 상황으로 됨에 따라 재벌의 지배력 행사 가능성이 높아지고 있다.

이에 더하여 산업자본의 은행지배를 허용해야 한다는 주장도 제기되고 있다. 은행주식의 분산으로 지배주주가 존재하지 않기 때문에 책임경영 달성이 어려우며, 재벌의 은행산업 지배문제점은 대주주에 대한 여신제한 및 감독강화 등으로 보완이 가능하다는 주장이 있다. 그러나 여전히 감독기관의 능력에 대한 신뢰성에 문제가 있다.(김광묵, 2001) 미국에서도 지주회사를 통한 자회사 방식으로 산업자본과 은행의 결합을 허용해달라는 요구가 있었으나, 그 결합으로 인한 폐해가 더욱 중요하다는 이유를 들어 무산된 바 있다.(Walter, 2003)

국내 금융산업의 중요한 특징은 산업자본이 비은행금융기관의 상당부분을 지배하고 있다는 사실이다. 금융감독 당국은 산업자본의 비은행금융기관 소유의 문제점을 개선하기 위해 대출한도와 지급보증한도 등을 제한하고 있다. 그러나 해당기업들은 불법적인 자금지원 등 노골적인 규정위반 이외에도 우회대출 및 교차대출 등의 수단으로 규제를 회피하고 있다. 또한 재벌소유 비은행금융기관들은 모기업의 자금조달과 관련된 금융서비스의 제공, 경쟁기업에 대한 정보제공, 경쟁기업에 대한 여신지원 제한 등을 통해 모기업을 지원하는 사례가 늘고 있다.

그런데 이와 같은 비은행금융기관들이 재벌들에 의해 지배되어감에 따라 이들과 경쟁할 순수금융자본의 형성 가능성이 배제되는 문제가 발생하고 있다.(김동원, 박경서, 금융구조조정의 좌표와 과제)

은행자본은 정부와 산업자본 모두로부터 독립성을 확보할 필요가 있다. 그러나 재벌 외에는 은행자본을 형성할 능력이 있는 자가 없다는 문제가 있으므로 산업자본을 은행자본으로 전환할 수 있는 장치를 마련하는 것도 고려해야 할 것이다.

## 3. 관치금융

금융시장 규제를 정당화하는 경제학적 논거는 정보의 비대칭성, 외부효과, 자연독점 등에서 찾을 수 있다. 우리나라 금융시장 규제는 경제성장에 필요한 자원의 효율적 조달과 배분을 목적으로 하였으므로 금융산업은 경제개발계획 기간 중에 정부의 계획과 통제에 따라 실물경제를 지원하는 데 동원되어 왔다.

이와 같은 정책금융은 은행의 자율적인 대출심사기능을 마비시키고 부실채권을 양산하는 등 금융부실화의 주원인으로 작용하였다. 산업지원을 위한 정부의 금융산업에 대한 통제(관치금융)는 은행들로 하여금 정부의 지시에 따른 대출관행을 형성하게 하고, 이에 따라 은행의 자율적 대출심사기능이 발휘되지 못하도록 하였다. 그리고 대출기업들의 연이은 부도는 은행의 지급불능사태를 초래하여 IMF 구제금융에 이르기까지 하였다.

그리고 은행주식 보유한도제도가 정부의 은행경영 개입을 용이하게 하는 역할을 한 측면이 있다. 또한 주식의 광범위한 분산으로 경영자의 과도한 양적 성장추구행위, 비용선호행위 등 주인-대리인 문제가 발생할 가능성도 있다. 경영자 시장이 발달하지 못해 경영성과에 대한 평가가 제대로 이루어지지 못함에 따라 정부는 개발정책 수행과 대리인 문제 시정 등의 명목으로 은행의 내부경영에 깊숙이 간여하여 왔다. 이와 같이 은행주식 보유한도제도는 책임경영체제 구축에 장애요인으로 작용하였으며, 관치금융으로 인하여 은행의 건전경영 유인도 상실되었다.(KDI, 2001)

관치금융을 차단하기 위해서는 금융감독기구의 독립성 확보가 매우 중요하다. 우리나라의 금융감독체계상 문제는 금감원과 금감위의 역할분담이 불분명하며, 특히 금감위가 관치금융의 통로역할을 하는 문제가 있다.(전성인, 인터넷 참여연대, 2004.10.)

## 4. 자율경영체제 확립

은행의 경영혁신을 위해서는 자율적 책임경영체제의 확립이 필요하다. 관치금융, 노사문제 등 우리의 경영현실을 고려할 때 이윤추구와 경영감시유인을 가지고 경영진의 경영성과에 대해 적절한 보상을 제공할 수 있는 주주군의 출현이 필요하다. 전문경영인체제가 성공하기 어려웠던 한국적 현실에서 정부가 기관투자가들의 결정에 영향력을 행사하고 있으므로 경영을 감시하고 참여할 민간 주주군의 존재가 필요한 것이다. 이러한 주주군이 없는 상황에서 은행주식 소유한도 제한제도는 정부의 은행경영 개입을 가능하게 하는 통로역할을 하여 왔다.

경쟁제한적 규제 및 주주의 경영성과에 대한 무관심 등으로 은행이 기업감시기능을 수행할 유인을 찾지 못하였다.(KDI, 2001) 또한 주주들 간의 무임승차 문제로 시장에 의한 경영감시와 능력 있는 경영진 및 전문가의 확보를 위한 유인제공이 더욱 어려워지게 되었다.

책임경영체제를 확립하기 위해서는 주주의 경영감시기능을 제고하고 경영성과에 대해 책임을 물을 수 있는 제도의 설계가 중요하다. 그리고 소액주주의 경영감시가 제대로 이루어지도록 은행지배구조의 개선도 필요하다.

은행지배구조 개선을 사전적 통제와 사후적 통제 측면으로 구분하여 볼 수 있다. 사전적 통제 측면에서는 사외이사제도의 개선과 집중투표제를 활성화할 필요가 있으며, 특히 집중투표 청구권자의 지나친 제한을 완화하고 정관배제 조항을 의무조항으로 하는 것도 검토할 수 있다.

사후적 통제 측면에서는 이해관계자가 피해구제절차를 통해 대주주 및 경영진의 위법행위나 부실경영을 제재할 수 있는 사후적 통제장치의 마련이 필요하다. 집단소송제도는 판결효력의 범위, 입증책임의 귀속주체, 소송비용 등의 측면에서 매우 강력한 제재효과를 가진다. 그리고 미국, 일본 등과 같이 주주대표소송 자격을 단독주주권으로 변경하는 것도 검토할 필요가 있다.(양덕순, 2005)

# 제 2 절 은행민영화 관련 시사점

정부는 우리금융지주회사 등의 민영화를 통하여 은행의 자율·책임 경영체제 구축을 모색한다는 의지를 표명한 바 있다. 정부보유 은행주식을 국내외 전략적 투자자들에게 단계적으로 매각하겠다는 의지와 일정을 제시하였다. 은행민영화의 최종목표가 '은행의 자율 책임경영체제 확립'과 '공적자금회수의 극대화'라는 둘 중 어디인가의 문제를 분명히 할 필요가 있다.(나동민 외, KDI, 2002, 출자금융기관 민영화)

정부보유 은행주식의 매각방식을 선택할 때 고려해야 할 사항으로 민영화목표, 국내외 거시경제 상황, 국내자본시장의 심화정도, 소유구조에 대한 청사진, 제도적 제약 등의 여러 가지가 있다.

## 1. 주식시장을 통한 매각

공모방식(public offerings) 주식매각의 경우 정부의 재정수입, 소유권 분산을 통한 자본시장 발전, 엄격한 공시를 통한 경영투명성 제고, 자본확충의 용이성 등의 장점이 있는 것으로 알려져 있다. 우리나라의 국민은행 및 주택은행 민영화에서 증자와 동시에 정부지분을 매각한 방법이 그 예로 볼 수 있다. 그렇지만 다수의 소액투자자가 존재하게 되므로 경영진의 역할증대가 더욱 필요한 데 비해, 소유분산으로 인한 대리인문제 발생으로 경영자가 과도하게 위험을 추구하게 된다는 문제가 지적된다.

이러한 공모방식 적용을 위해서는 자본규모가 큰 은행지분을 흡수할 수 있는 주식시장 발전 및 충분한 유동성, 자금력이 충분하면서 경영감독이나 시장규율을 강화할 수 있는 강력한 기관투자가의 존재 등의 전제조건이 충족되어져야 할 것이다.

## 2. 민영화투자기금 방식

국민주 방식 또는 Voucher 방식[9]은 소유분산의 효과가 있고 대규모 물량 소화에 유리하나 주주들의 장기보유 유인이 약한데다 전매를 통한 소유집중 등으로 정부가 의도한 소유구조가 형성되지 않는 등의 문제점이 있을 수 있다.

이에 따라 민영화투자기금(Privatization Investment Fund; PIF)에 의한 민영화의 주장이 나타나고 있다. 이것은 민간부문에서 투자기금(investment fund)을 설립하여 민영화 대상 은행주식을 인수하는 한편 펀드자체의 필요자금은 자체지분을 일반투자자에게 매각하는 것으로 충당된다. 그리고 정부소유 주식의 과반수를 매각하여 경영권(control rights)을 이전시키되, 양도주식의 매각가격은 양도시점에서 결정하지 않고 미래의 특정한 시기에 결정하도록 한다. 이는 현시점에서 매각가격을 결정할 경우 은행의 시장가치가 실제가치보다 저평가될 수 있는 단점이 있기 때문이다.(송홍선, 2001) 투자자들의 민영화 참여는 PIF에서 발행하는 주식(public participation shares)의 매입을 통해서 가능하다. 주식매각은 공모뿐 아니라 전략적 투자자 등에게 매각할 수 있으며 구체적인 방침은 은행의 소유구조에 대한 정부의 청사진에 의해 결정된다.

이 방식의 문제점은 공적자금 회수가 지연되고 은행민영화기금의 소유구조를 예측하는 것이 어렵다는 것이다. 그러나 대규모 은행의 민영화에 따른 주식공급물량의 소화가 가능하고 헐값 매각시비를 최소화할 수 있다는 장점도 있다.

---

9) Voucher 방식은 일정자격을 갖춘 일반 국민들에게 Voucher(또는 쿠폰)를 무상 또는 싼 가격에 분배하고 향후 국영기업의 주식이나 국영기업을 인수하는 투자펀드의 주식으로 교환해주는 방식으로 폴란드, 체코 등 체제전환 국가에서 광범위하게 채택된 바 있다.

## 3. 전략적 투자자에 대한 매각

전략적 투자자에 대한 매각은 일대일 협상을 통한 직접매각이나 공개입찰을 통해 이루어진다. 전략적 투자자[10]는 은행경영의 충분한 경험과 국제적 위상을 가진 투자자이므로 경영과 기술상의 노하우 습득과 수익성 및 지배구조 개선효과를 기대할 수 있다.

투자자 참여를 확대하기 위해 매각된 자산이 부실화될 경우 투자자들의 위험을 제한하는 put-back option과 같은 보상장치를 포함하는 경우가 많다. 제일은행과 서울은행의 국제경쟁입찰에서 그 예를 볼 수 있다. 그러나 이 방법은 주식시장에 대한 충격을 완화할 수 있다는 장점이 있는 반면 매각 이후 민영화된 은행의 소유구조가 과도하게 집중되는 부작용이 있을 수 있다. 특히 충분한 은행경영 경험과 노하우가 없는 투자자에게 소유가 집중되는 경우 더 큰 문제일 수 있다.

## 4. 혼합방식(hybrid method)에 의한 매각

국내외 거시경제상황, 자본시장의 하부구조에 따라 합병이나 직접매각을 위한 전략적 투자자들과의 협상을 지속하면서 주식시장을 통한 매각방식을 병행하는 다양한 혼합방식을 고려해 볼 수도 있다.

첫째, 전략적 투자자가 다수지분을 획득하는 경우 나머지 지분은 IPO를 통해 매각한다. 동유럽국가의 은행민영화에서는 외국계은행들이 전략적 투자자로 참여하고 공개입찰을 통한 매각을 사용하였다. 이 방법은 선진 은행경영기법 및 금융기법의 도입, 외국자본에 대한 접근

---

10) 전략적 투자자(strategic investor)는 장기적인 안목으로 투자수익 실현 전략을 설정하고 이를 바탕으로 투자대상의 기술 및 노하우 습득, 관행에 대한 이해 등 무형수익을 포함한 모든 투자수익을 고려하여 투자를 결정하는 투자자를 말한다.

용이성 등으로 민영화 대상 은행의 지배구조 개선이 획기적으로 이루어져 조직내부의 변화 및 은행의 경쟁력이 강화되는 장점이 있다.

둘째, 전략적 투자자에게 소수지분의 획득만을 허용하는 경우를 생각해 볼 수 있다. 외국의 전략적 투자자들에게 소수의 지분만을 매각하고 동시에 전략적 의사결정을 할 수 있는 지분을 정부가 소유하는 방식이다. 문제는 외국자본에 대한 접근성 및 활용도가 떨어지고 정부의 경영개입으로 은행경영진의 독립성이 보장되지 않아 지배구조의 개선효과가 없다는 것이다.(나동민 외, 2002)

셋째, CB(전환사채)나 BW(신주인수권부사채) 등을 발행하는 경우이다. 이것은 공모방식과 미래에 보통주로 전환할 수 있는 CB나 BW 등을 발행하는 방식을 절충하는 것이다. 이것은 은행주식 매각대금의 상승을 통한 재정수입극대화를 위해 시장상황에 따라 매각규모를 조정할 수 있는 장점이 있다. 그러나 주식으로 전환할 수 있는 유가증권이 거래의 상당부분을 차지하기 때문에 은행민영화를 통한 수익성과 지배구조의 개선 및 경영노하우의 확보 등을 지연시키며, 각기 다른 유가증권의 가치로 인해 민영화의 투명성이 저하될 수 있는 문제가 있다.

넷째, 교환사채(EB) 등 유가증권의 발행을 통한 방법이다. 이 방법은 공적자금 회수의 시급성 등으로 인해 현금확보가 중요하나 주식시장 침체로 장내매각이 어렵거나 또는 은행의 장래전망이 불투명하여 가격수준이 너무 낮을 것이 염려되는 경우에 사용된다. 그 장점은 유가증권의 발행대금을 이용할 수 있으므로 일시적 유동성 부족문제를 해결할 수 있다는 것이다. 일정기간 후 사채와 정부보유 은행주식을 교환할 수 있게 하여 실질적인 완전 민유화 시점을 이연시키고 그동안 경영개선 및 수익성 제고를 추진한다는 신뢰가 형성되면 교환비율을 유리하게 책정하여 매각대금 상승을 유도할 수도 있다.

다섯째, 오페라(OPERA)[11]본드를 발행하는 것이다. 이것은 담보주식

---

11) OPERA(Out-Performance Equity Redeemable in any Asset): 오페라본드의 만기는 4년으로서 처음 2년 동안에는 fixed coupon bond이며 2년 후 일정수준의

에 대한 선택권을 부여하여 민간의 수요증대를 도모하고자 하는 것이다. 이 방식은 조흥은행이 신한금융지주회사에 인수되기 이전에 고려되었던 것이다.

공모(IPO) 등 주식시장을 통하여 정부보유 은행주식을 소유분산적 방법으로 매각하는 것은 매우 중요하다. 소유분산을 통해 전략적 투자자에 대한 매각방식의 한계를 완화할 수 있고, 재벌의 은행소유에 따른 부작용도 최소화할 수 있다. 그리고 국내 일반투자자들을 잠재적 경쟁자로 유인하여 정부의 협상력을 강화하고 은행대형화로 인한 독과점 위험의 증대를 예방할 수 있는 측면도 있다.(나동민 외, 2002) 이와 같은 소유분산적 매각방식의 성공은 지배구조 관련제도의 정립과 유능한 경영진 확보의 용이성 등이 전제될 때 가능하다. 과거 개도국의 민영화 경험에서 헝가리 OPT 은행을 제외하면 주식시장을 통한 매각이 성공한 사례가 거의 전무하다는 점도 염두에 두어야 할 것이다.

정부가 은행주식의 장내매각보다 전략적 투자자나 기관투자가에 대한 매각을 선호하는 이유는 그동안 은행산업 내에 자율 책임경영체제가 구축되지 못했던 것이 소유의 과도한 분산이라는 인식이 있었기 때문이며, 아울러 낮은 은행주식 가격 때문이기도 하였다.


## 5. 정부보유 은행주식 매각범위

외국의 전략적 투자자들의 민영화 참여는 독립적 지배구조 확립을 촉진하고 은행의 경영효율성을 증진할 수 있는 이점을 기대할 수 있을 것이다.

그러나 다른 한편으로 외국자본의 국내 은행산업 진출확대에 대한 우

---

상장요건(free float condition)에 도달할 경우 18%의 전환 프리미엄으로 선택 은행의 일반주로 교환할 수 있는 교환사채(EB)로 전환되는 구조이다.

려도 크다. 외국의 경우에도 국민경제에 미치는 영향이 크다고 판단하는 대형은행의 경영전략 및 의사결정과정에 정부가 간여할 수 있는 수단을 유지하는 경우를 볼 수 있다. 헝가리, 노르웨이, 이스라엘 등의 정부가 전략적 결정과정에 대해 거부권(veto)을 행사하였고 황금주(golden share)를 보유하기도 한다.

황금주 보유의 이유는 금융산업에 외국자본의 참여가 증대하면 정부의 효율적인 금융정책 수행이 어려워진다는 인식 때문이다. 그리고 경영능력이 미흡한 민간대주주가 경영권을 독점한다든가 경영방침의 빈번한 변경으로 혼란이 발생하는 것을 방지하기 위해 정부가 개입하게 된다. 그러나 이것은 정부가 비시장적 방법으로 금융시장에 개입하는 통로를 제공한다는 점에서 금융자율화에 역행하는 방법으로 보아야 할 것이다.

우리금융지주회사의 민영화와 관련하여 고려하여야 할 사항들을 살펴보자. 정부가 일정비율의 지분을 보유하고 있어야 하는가? 국내 금융산업에 미치는 영향이 큰 대형은행의 경우, 정부가 일정한 영향력을 행사할 수 있도록 최소한의 안전장치를 마련해야 하고, 정부보유지분이 축소되는 과정에서도 정부가 은행 경영진과 이사회 구성에 참여하고 이를 감시할 필요도 있다는 주장이 있다. 그러나 정부의 황금주 보유가 금융정책 집행의 효율성을 증진한다는 실증적 증거가 없으며, 황금주 보유 논란이 민영화 추진의 장애요인으로 작용할 수도 있다.(나동민외, 2002) 은행의 경영을 감시하는 것은 금융감독 당국의 임무이며 황금주 보유의 이유가 될 수 없다.

은행민영화가 진전됨에 따라 은행 간 가격경쟁이 심화되면 은행들은 일정 수준의 수익을 확보하기 위해 고수익 고위험 대출자산을 확대하려는 유인을 갖게 되므로 그와 같은 유인을 최대한 억제할 수 있도록 은행민영화와 더불어 건전성 감독 및 위험추구 행위에 대한 모니터링 등을 강화하는 것이 긴요하다. 아울러 민영화된 금융기관도 자체적으로 리스크관리 역량을 확충하고 내부통제 시스템을 강화하는 등의 노력이

필요하다.(정형권, 2004)

## 6. 은행민영화와 지배구조 개선

은행지배구조의 변화와 정부보유 은행주식의 매각을 분리하여 추진할 필요가 있다. 그리고 완전 민영화 및 부분 민유화의 전략을 병행하는 것이 바람직하다. 정부보유 은행지분의 일부를 경영능력, 전문성, 건전성을 갖춘 국내외 전략적 투자자에게 매각하고 나머지 정부보유지분에 대해서는 점진적으로 의결권을 제한하여 은행의 경영권을 민간에 이전하는 것이다.(나동민 외, 2002)

한편 매각완료 시까지의 자율 책임경영체제를 강화하도록 해야 할 것이다. 첫째, 전략적 투자자들이 나타나기 이전에는 정부가 은행 일상경영에 간섭하지 않지만 MOU의 점검을 통해 도덕적 해이 방지 등 대주주의 역할을 담당하고 자산클린화 및 수익성제고를 촉진해야 한다. 둘째, 전략적 투자자가 일부 지분을 인수하였으나 예보가 최대주주의 지위를 유지하는 경우 은행경영진의 구성 등 전략적 투자자의 경영주도권을 인정하고 합병 및 사업재편 등 주요사안은 예보와 협의한다. 셋째, 예보의 최대주주지위가 해소되면 MOU를 해제하고 예보는 사외이사 파견 등을 통해 통상적 감시기능을 수행한다.

정부소유 은행을 국내 우량은행에 매각하여 합병하는 경우 은행산업 전체 대출자산의 위험 감소, 합병은행의 영업범위의 확대, 전산설비 중복투자 방지 등 긍정적 효과를 기대할 수 있을 것이다. 그러나 공적자금 투입은행을 국내 우량은행에 매각하는 경우, 우량은행의 동반 부실화 가능성이 제기되고 있다. 특히 우리나라의 경우 최근 합병으로 인하여 은행산업의 집중도가 크게 상승하였다는 점에서 대형은행 간의 추가합병은 독과점 폐해를 초래할 가능성도 있다.(정형권, 2004)

# 제 3 절 외국자본의 금융지배

외국인 직접투자 규모는 외환위기 이후 급격히 증가하여 2000년 한 해만 102.3억$에 달하였는데, 이는 1991년부터 1997년 사이 직접투자 규모 104.8억$에 근접하는 금액이다. 한편 주식, 채권 선물 및 수익증권 등의 포트폴리오 투자에 대한 외국인의 순 유입액은 2003년 기준으로 135.2억 불에 달하였다. 그 결과 2005년 11월 말 기준 외국인의 유가증권시장 상장주식 보유액은 245조 856억 원으로 전체 상장주식 시가총액의 40.3%를 차지하였다. 또한 동 시점에서의 보유 상장주식수는 55억 4,571만 주로서 전체 상장주식수의 23.7%를 점하고 있다.

### 〈표 5-1〉 외국인의 상장 주식 보유비중 추이

(단위: %)

| 구분 | 1997 | 1999 | 2000 | 2001 | 2002 | 2003 | 2004 | 2005 |
|---|---|---|---|---|---|---|---|---|
| 시가총액기준 | 14.6 | 21.9 | 30.1 | 36.6 | 36.0 | 40.1 | 42.0 | 40.3 |
| 주식수 기준 | - | 12.3 | 13.9 | 14.7 | 11.5 | 17.9 | 22.0 | 23.7 |

주: 2005년 자료는 11월 말 기준임
자료: 금융감독원

### 〈표 5-2〉 금융권별 외국자본의 시장점유율 현황

(단위: %)

| 구분 | 1998 | 1999 | 2000 | 2001 | 2002 | 2003 | 2004 | 2005 |
|---|---|---|---|---|---|---|---|---|
| 은행 | 4.1 | 8.3 | 13.1 | 12.2 | 13.7 | 22.6 | 23.7 | |
| 증권 | 14.9 | 13.4 | 11.9 | 12.5 | 14.5 | 16.5 | - | 21.8 |
| 생명보험 | 1.0 | 4.6 | 5.7 | 8.0 | 10.5 | 13.6 | 16.5 | |
| 투신운용 | 0.3 | 2.4 | 2.4 | 3.3 | 10.8 | 15.8 | - | - |

자료: 금융감독원 및 한국은행

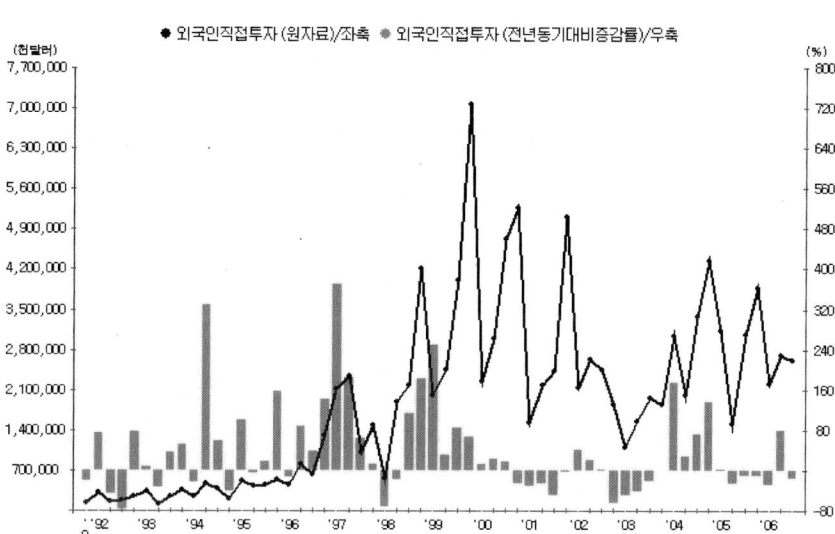

〈그림 18 〉외국인 직접투자 추이

자료: 금융감독원

즉 1998년 외국자본의 은행권에 대한 시장점유율은 4.1%에 불과하였으나, 2000년에는 13.1%로 증가하였고, 2002년에는 13,7%, 2004년에는 23.7%로 대폭 증가하여 시장점유율이 1998년보다 약 19% p 증가하였음을 알 수 있다.

그리고 외국자본의 시장점유율 증가는 금융권의 다른 어떤 부문보다 은행권에서 두드러지고 있는데, 그 경로는 크게 두 가지로 볼 수 있다. 우선, 외국의 투자펀드가 국내 은행산업의 구조조정과정에서 은행의 경영권 인수 등을 통해 진입하였고, 또 다른 경로는 투자펀드를 대신하여 외국계 대형은행들이 국내 은행산업에 직접 진입하는 것이다.

### 〈표 5-3〉 외국계 펀드의 국내 금융기관 인수 현황

(단위: 백만 불)

| 대상기관 | 투자자 | 투자시기 | 투자금액 | 회수금액 | 비고 |
|---|---|---|---|---|---|
| 굿모닝증권 | H&Q, Lombard | 1998. 5 | 82 | 500 | 인수(48%) |
| 한미은행 | Calyle Group | 1998. 9 | 385 | 700 | 인수(40%) |
| 제일은행 | Newbridge Capital | 1998. 12 | 427 | 1,150 | 인수(50%) |
| 국민은행 | Goldman Sachs | 1999. 5 | 500 | 760 | 지분(11%) |
| 외환카드 | Olympus Capital | 1999. 12 | 118 | - | 인수(54%) |
| 하나은행 | Allianz AG | 2000. 4 | 150 | 170 | 지분(12%) |
| LG카드 | Warbug Pincus | 2000. 10 | 370 | - | 지분(19%) |
| 외환은행 | Lone Star | 2003.8 | 1,060 | 1,900 | 인수(55%) |

주: SC제일, 한국씨티은행은 상장 폐지
자료: 강희철(2004), 매일경제(2005. 1. 4)


이러한 상황에서 외국자본이 최대주주가 아니고 국내은행으로 분류되는 은행들의 경우에도 외국인 지분의 비중은 지속적으로 증가하고 있음을 알 수 있다.


### 〈표 5-4〉 국내 일반은행 외국인 지분율

(단위: %)

| 은행 | | 2001 | 2002 | 2003 | 2004 | 2005 | 2006.09 |
|---|---|---|---|---|---|---|---|
| 국민 | | 71.1 | 70.2 | 73.6 | 76.1 | 85.4 | 83.12 |
| 우리금융 | | 0 | 0.7 | 4.5 | 11.7 | 11.4 | 8.09 |
| 신한지주 | 신한 | 48.6 | 49.0 | 40.4 | 62.8 | 57.1 | 57.61 |
| | 조흥 | 0.3 | 3.1 | | | | |
| 하나금융 | 하나 | 52.0 | - | - | - | 78.2 | 79.33 |
| | 서울 | - | 28.7 | 37.2 | - | | |
| SC제일 | | 50.99 | 50.99 | 48.56 | 48.56 | 100 | - |
| 외환 | | 34.1 | 27.9 | 71.0 | 72.0 | 74.2 | 79.42 |
| 한국씨티 | | 53.2 | 61.0 | 85.8 | - | 99.9 | - |
| 대구 | | 3.8 | 20.1 | 31.4 | 55.9 | 57.8 | 66.22 |
| 부산 | | 10.6 | 12.0 | 38.5 | 59.3 | 60.1 | 59.67 |
| 전북 | | 0.05 | 0.1 | 0.44 | 12.1 | 29.0 | 26.51 |

자료: 연태훈(2005), 한국증권선물거래소

물론 이와 같은 외국자본의 국내 은행업 진출확대는 은행산업 내 경쟁 촉진 및 서비스 개선과 함께 주식시장의 수요기반을 넓혀 주어 국내기업의 자금조달에 기여하였고, 외국인 주주를 통한 선진경영기법의 도입, 경영합리화 및 지배구조개선 등 국내기업의 체질개선에도 긍정적인 역할을 한 것으로 보인다.

그러나 이러한 긍정적인 역할이 있음에도 불구하고 외국자본의 국내 은행산업 진출은 다음과 같은 문제를 갖고 있다.

우선, 금융시장 불안정 시 외국계 은행은 단기적 이익에 치중한 독자적 행동을 추구할 가능성이 높기 때문에 금융시스템의 안정성을 저해할 가능성이 있다. 두 번째, 은행의 경우 지급결제기능을 갖고 있으므로 위기 발생 시 시스템 리스크가 다른 권역에 비해 크므로 외국자본 진출 시 신중한 검토가 필요하다. 세 번째, 상·하 간 의사소통의 어려움 및 공동체의식 결여 등으로 시너지효과 발휘에 어려움을 겪을 수 있다. 네 번째, 특히 단기 고수익을 추구하는 펀드의 경우 조기 철수 가능성에 따른 금융회사 내부조직의 안정성을 저해할 우려가 있다. 다섯 번째, 외국계 은행이 대기업 및 부유층만을 주 고객으로 하거나 수익성을 중시하는 경영을 한다면, 신용도가 낮은 중소기업과 서민에 대한 자금공급이 위축될 우려가 있다. 즉 외국계 은행의 소매금융이 상위 자산가 계층 중심으로 이루어져 비용이 높고 위험부담도 큰 서민금융은 위축될 가능성이 있다. 여섯 번째, 은행업을 영위하기 위한 전략적 투자자가 아닌 해외 사모주식펀드에게 은행 인수를 허용함에 따라 경영전략에 있어 공공성이 낮아지고 산업자금 공급기능이 위축되고 있다. 즉 외국계 은행은 금융불안정 문제를 해결하려는 정부정책에 무임승차하려는 경향을 보임으로써 금융안정을 위한 정부의 영향력을 약화시키고 있다. 또한 외국계 금융기관들과 주거래은행 관계를 맺고 있는 국내기업들의 경영계획, 핵심기술, 재무상황 등에 관한 내부정보가 동 기업들과 경쟁관계에 있는 외국기업에 유출될 가능성도 우려되고 있다.[12)]

따라서 외국자본의 국내 은행산업 진출확대는 금융산업의 국제화 촉진 및 국내경제의 대외신인도 제고를 위해 바람직하므로 적극 장려는 하되, 국제화 과정에서 발생할 수 있는 각종 부작용을 최소화하는 정책이 필요하다.

우선, 외국자본 진출을 통한 국제화와 시장안정성 확보 문제는 상충관계에 있으므로 각종 부작용을 최소화하는 정책이 필요하다. 즉 외국자본 진출을 통한 국제화는 적극 장려하되, 이에 따른 시장불안정 요인은 사전에 제거하는 접근방식이 필요하고, 금융시스템의 취약성을 고려하여 시장안정화 차원에서 필요한 최소한의 금융기능의 확보가 필요하다.

두 번째, 건전한 외국자본 유치에 의해 국내 은행산업의 발전을 도모하기 위해서는 외국자본에 대한 적격성 심사를 강화할 필요가 있다. 즉 외국자본의 대주주자격요건 심사 시 과거 관련업종 경험, 국제적 신뢰성, 향후 경영계획 등을 면밀히 검토하고, 사후적으로도 최초 진입 시에 제시된 경영전략 등 금융회사의 발전에 대한 청사진을 계속 유지하고 있는지의 여부를 지속적으로 점검하고 문제 발생 시 즉시 시정을 요구해야 한다.

세 번째, 투기성 외국자본의 부정적인 행태를 효과적으로 억제하고 이에 따른 부작용을 최소화하기 위해서는 이러한 규제 및 방어 장치의 도입과 아울러 국내자본시장에서 건전한 우호세력을 육성하는 한편 기업지배구조 개선노력을 한층 강화할 필요가 있다. 이를 위해서 ⅰ) 정부의 보호기능을 강화한다. 즉 외국인투자촉진법에 미국처럼 대통령에게 국가안보 차원에서 필요한 경우 사후적으로 외국인 투자를 조사하고 투자 철회를 명령할 수 있는 권한을 부여하는 조항을 신설하는 등 핵심산업에 대한 정부의 보호기능을 강화할 수 있는 방안을 마련해야 한다. 또한 문제의 소지가 있는 투기성 외국자본을 선별하고 이러한

---

12) 한국은행, "외국자본의 국내 금융산업 진출 현황 및 과제," 2004.

자본의 금융업 진출을 억제하기 위해 금융업에 대한 외국 투자자본의 적격성 심사를 강화해야 한다. 이를 위해 은행법상 대주주에 대한 정의를 현재와 같이 형식적인 보유지분율보다는 실질적인 지배력을 가지고 있는 자 등으로 개정할 필요가 있으며, 형식적인 수준에서 이루어지고 있는 외국인의 은행지분 한도 초과 보유에 대한 사후 적격성 심사도 엄격히 실시해야 한다. ii) 공시제도를 강화하여 투기성 외국자본의 적대적 M&A 시도 시 경영자 및 이해관계자가 보다 정확한 정보를 바탕으로 시의적절하게 대응할 수 있는 여건을 마련해 줄 필요가 있다. iii) 기업의 경영권 방어장치를 보완한다. 즉 투기성 외국자본에 의한 적대적 M&A 시도에 대응하여 국내기업이 적절한 경영권 방어장치를 도입할 수 있도록 근거를 마련해 주거나 정관변경 등을 통해 각 기업이 상법 등 관련 법규에서 허용하는 범위 내에서 합리적인 경영권 보호장치를 도입하도록 유도할 필요가 있다. iv) 기관투자자를 육성하고 관계투자를 활성화하여 기업지배구조 개선과 경영권 안정의 동시달성을 도모해야 한다. 즉 기관투자자가 폐쇄적인 안정주주의 역할보다는 주주제안권, 주주의결권행사, 회사경영진과의 직접교섭 등을 통해 기업지배구조 개선에 적극적인 역할을 수행할 수 있도록 유도해야 한다. 미국도 1980년대 말 적대적 M&A의 폐해가 나타나자 이에 대한 대안으로 기관투자자의 관계투자를 활성화하였다. 유럽과 일본은 은행이 이러한 역할을 수행하고 있다. 기관투자자의 비중과 역할을 제고하기 위해서는 기본적으로 국내 투자자들의 주식투자가 확대되어야 하는데, 이를 위해서는 먼저, 개인의 실물선호 경향이 완화되고 주주중시 경영이 정착되어야 하며, 부실 투신자에 대한 구조조정을 조속히 마무리하여 투신산업의 신뢰성을 회복시키고, 아울러 연기금 등 기관투자자의 주식투자를 확대할 수 있는 방안을 마련하고 이들의 장기투자를 유도해야 한다.[13)]

---

13) 전승철·윤성훈·이병창·이대기·이현영, "투기성 외국자본의 문제점과 정책과제," 한국은행 2005.

# 제 4 절 기관투자가의 활성화

## 1. 논의의 배경

### 1) 기관투자가의 역할 제고

금융자본과 산업자본이 분리된 상황에서 은행민영화를 위한 또 다른 방법은 국민연금과 같은 국내 기관투자가의 역할을 제고하는 것이다. 즉 기관투자자를 육성하고 관계투자를 활성화하여 기업지배구조 개선과 경영권 안정을 동시 달성할 수 있다는 것이다.

전 세계적으로 영국과 미국처럼 금융구조가 자본시장 중심인 국가뿐만 아니라 독일, 일본, 프랑스 등 은행중심인 국가에서도 은행의 금융자산 보유 비중이 감소하는 반면 은행을 제외한 기관투자가의 비중이 증가하고 있다.(윤성훈, 2004) 이는 투자신탁, 증권, 보험, 연기금 등 기관투자가가 은행보다 금융기관의 역할(자금조성, 자금배분 등)을 보다 효율적으로 수행한 때문이다.(Davis, 1997)

선진국의 기관투자가들은 자산운용에 있어 채권보다는 주식의 비중을 늘리고 있으나 국내기관투자가는 채권에만 집중적으로 투자하는 경향이 있어 왔다. 이로 인해 국내 기관투자가의 주식투자비중이 외환위기 이후 감소하여 주식시장의 안전판 역할을 해내지 못했고, 기관투자가가 개인의 간접투자수요를 충족하지 못해 막대한 자금이 주식시장으로 이동하지 못하고 은행의 단기예금이나 부동산시장에만 머물러 있게 되고, 기업들은 자금조달을 차입에 의존할 수밖에 없게 되었다.

미국의 경우 기업연금제도의 개편으로 보험, 연기금 등이 주식에 적극 투자함으로써 기관투자가의 역할이 크게 증대되었다. 그리고 은행중심인 독일, 프랑스 등의 경우에도 보험, 연기금 및 투자신탁의 주식투자비중 확대가 기관화의 견인차 역할을 하였다.

  그러므로 우리나라도 향후 기관투자가의 장기주식투자 확대를 유도
할 필요가 있을 것으로 생각된다. 이를 위해 기업연금제도의 조속한
도입과 함께 연기금의 주식투자확대 등이 필요할 것이다. 통상 1년으
로 되어 있는 주식상품의 만기를 장기화하고, 펀드매니저에 대한 평가
도 중장기 실적을 기준으로 해야 할 것이다. 이와 같이 주식시장에서
기관투자가의 비중이 확대되고 주식시장이 활성화될 경우 기관투자가
에게 요구되고 있는 주식시장의 안전판, 외국자본에 대한 대항마 등
공적 역할도 자연스럽게 충족할 수 있을 것으로 기대된다. 즉 기관투
자가가 폐쇄적인 안정주주의 역할보다는 주주제안권, 주주의결권행사,
회사경영진과의 직접교섭 등을 통해 기업지배구조 개선에 적극적인 역
할을 수행하되, 투자자본의 공격에 대해 공동대처할 수 있는 '백기사'
역할을 수행해야 한다는 것이다.

## 2) 선진국 연기금의 주주권 행사

  대부분의 선진국들은 연금기금의 주주권 행사를 제한하고 있지 않다.
미국, 캐나다, 영국, 네덜란드, 일본 등은 연금의 주주권 행사를 자유롭
게 허용할 뿐만 아니라 오히려 장려하고 있다.

  적극적인 주주권행사로 가장 유명한 것은 미국 캘리포니아 공무원연
금(CalPERS)이다. CalPERS는 근년에 적극적으로 투자기업의 경영이슈
에의 간섭해 지배구조를 개선하고 기업가치를 증진시키고 있다. 윌셔어
소시에이트(Wilshire Associates)가 1987~1999년 미국 캘리포니아 공무
원연금(CalPERS)이 지배구조 개선 목표로 삼았던 95개 기업들의 성과
를 분석한 결과에 의하면 이 회사들의 주식은 동 기금이 행동을 취하
기 전 5년간은 Standard and Poor's 500 지수에 비해 96%의 낮은 성과
를 보였으나 기금이 행동을 취한 후 5년간에는 동 지수를 평균 14%

앞섰다고 한다.

각국의 연금기금들은 주주권행사의 강도에는 다소 차이가 있을지언정 대체로 적극적으로 주총에 참여하여 의결권을 행사하고 있다. 주총에 참석할 수 없을 때에는 대리투표를 한다. 즉 캐나다의 Canada Pension Plan Investment Board(CPPIB)는 2002년 10월부터 2003년 6월까지 캐나다 기업에 관한 1000개의 안건과 미국 및 기타 외국기업의 6,500여 안건에 투표권을 행사하였는데 캐나다 기업의 경우 경영진이 상정한 안건의 19%, 외국 기업의 경우 경영진이 상정한 안건의 16%에 반대하는 투표를 하였다.

〈표 5-5〉 국민연금과 캐나다 국민연금의 의결권행사<br>가이드라인 주요내용 비교

| 구분 | 국민연금 | 캐나다 국민연금(CPP) |
|---|---|---|
| 발표시점 | 2005년 2월 14일 | 2005년 2월 9일 |
| 이사선임 | · 결격 사유, 과도한 겸임자, 주주 권익 침해자, 이사회 출석률 60% 이하였던 사외이사 후보자의 이사 선임 반대 | · 이사의 개별 선임, 이사진의 연차적 지지<br>· 이사의 임기제한 및 정년 규정 반대<br>· 이사회 출석률 75% 미만 후보 선임 반대<br>· 이사회 규모 기업에 따른 515명으로 감축 지지<br>· 경영진이 참석하는 비공식적 이사회 지지<br>· 이사회 의장과 CEO 겸임 반대<br>· 사외이사만으로 구성된 이사선임위원회와 보상위원회 구성 지지<br>· 이사회 산하 위원회 의장의 주총 보고 의무화 지지<br>· 이사의 책임 및 배상보험 가입 찬성<br>· 이사의 외부 자문가 고용 찬성 |

| 구분 | 국민연금 | 캐나다 국민연금(CPP) |
|---|---|---|
| 발표시점 | 2005년 2월 14일 | 2005년 2월 9일 |
| 이사 및 감사 보수 | ·보수 한도액이 회사 규모, 사업 복잡성, 성과 등과 비교해 적정하지 않거나 단순히 매년 일정비율 인상될 경우 반대 | ·전문성, 책임, 근속연수에 비례한 보상 찬성<br>·해당기업 주식의 일정액 보유 의무화 찬성<br>·이사에 대한 스톡옵션 부여 반대<br>·이사의 보수 및 주식보유 내역 공개 지지 |
| 경영권 분쟁 관련 의안 | ·현 경영진을 신뢰할 수 없거나 합병으로 인해 주식 가치가 상승할 경우를 제외하고 현 경영진 지지<br>·다만 정당화할 수 없거나 높은 비용을 수반하는 경영권 방어 관련 의안에는 반대 | ·잠재 인수후보자 추가 참여를 위한 시간 벌기용 '독약'(Poison Pill: 지분희석을 위한 신주 발행) 찬성<br>·표결권에 영향을 주는 '백지수표' 조항 반대<br>·M&A 막기 위해 '왕관의 보석'(Crown Jewels: 값비싼 자산 매각) 반대<br>·M&A 경쟁 막는 '록 업'(Lock-up: 인수 조건부 조식 양도 계약) 반대<br>·'그린 메일'(Green Mail: 인수 위협을 가해 보유 주식을 프리미엄을 받고 매각하려는 시도) 요구에 굴복 반대 |
| 기타 | ·기업 가치 훼손, 주주 권익 침해 등을 초래하지 않는 한 정관 변경 찬성<br>·연간 급여에 비해 과도한 임원 퇴직금 반대<br>·이밖에 재무제표 승인 등 모두 10개 의안에 대한 가이드라인 제시 | ·투표권, 이사회, 이사보상, 경영진 보상, 자본구조, 경영권 방어, 사회 책임 투자 및 윤리 등 7개 주제를 50여개 의안으로 세분한 뒤 각각에 대해 구체적인 근거와 이유를 대며 찬성 또는 반대 입장을 선언 |

자료: 국민연금 관리공단, "의결권행사 가이드라인", CPPIB, "Proxy Voting Principles and Guidelines"

네덜란드의 ABP는 네덜란드 정부 및 교육부문에서 서비스를 제공하는 고용인/피고용인을 위한 연금기금인데 ABP는 직접 주주총회에 참석하여 그 의견을 활발하게 개진하며 직접 주주총회에 참석하기 어려운 경우에는 인터넷 등을 통하여 의결권 대리(Proxy Voting)에 의한 투표방법을 채택하고 있다. ABP의 의결권행사에 있어 가장 눈에 띄는 것은 그 결과를 투명하게 공개한다는 것이다. 누구든지 ABP의 Web Site에 들어가서 관련된 회사의 이름이나 약어를 입력하면 최근 ABP 의결권행사가 어떠한 방향으로 이루어졌는가를 신속히 확인할 수 있다.

일본의 국민연금은 기금운용만을 전담하는 연금자금운용기금(Government Pension Investment Fund: GPIF)을 2001년에 설립하였다. GPIF는 일본기업들이 지배구조 개선을 통해서 주가가 상승할 것을 기대하면서 2004년도 주총부터 도쿄 증권거래소 1부에 상장된 기업들을 대상으로 지배구조를 평가하여 기업지배구조가 나쁘거나 실적이 나쁜 기업, 불공정행위를 한 기업 등에 대해 주총에서 적극적으로 의결권을 행사하고 있다. 의결권행사는 GPIF가 직접 하지 않고 외부의 투자관리자에 의해 이루어지고 있다. 외부의 투자관리자들은 자산의 가치 극대화를 위해서 의결권을 행사하고 있으며 GPIF는 이들에게 의결권행사기준 및 투표 결과를 제시할 것을 요구할 수 있다.

스웨덴 국민연금은 과거 투자자산의 특성에 따라 6개의 기금에 의해 운영되었으나 2000년 5월 1일 연금기금개혁을 통해 AP1, AP2, AP3, AP4, AP6 펀드는 독립된 펀드로 재편되어 제한적 경쟁하에 수익성 증대를 도모하고 소득의 2.5%로 조달되는 프리미엄 리저브 연금체계 (Premium Reserve Pension System)의 운용은 AP7 펀드가 담당하게 되었다. 연금을 관리하는 각 기금들은 적극적으로 주주총회에 출석하여 의결권을 행사하고 있다. 한 예로서 AP3 펀드는 자국 기업에 대해 의결권을 적극적으로 행사하고 있는데 펀드가 투자한 73개의 스웨덴 기업 중 69개 기업의 일반 주주총회에 참석하였으며 7건의 특별 주주총회에 모두 참석하였다. 다만 기금 규모 4~5조대를 관리하는 AP7 펀드만은 예외적으로 스웨덴 주식에 대하여 의결권을 행사하지 못한다고 규정하고 있다.

마지막으로 뉴질랜드 퇴직연금은 NZSI라고 하는 일종의 공기업이 전담하고 있는데 자산을 운용하는 데 있어서 재무적 목적에서 투자관리에 목표를 두고 있을 뿐 기금이 주식을 소유하거나 투자한 기업경영에 그 목표를 두고 있지 않는다 하고 있다. 즉 NZS Act 59조 1항에 보면 "Guardian은 기금에 다른 기관을 지배하지 말아야 하며 궁극적으로 지배하는 의결권을 소유하지 않아야 한다."고 규정하고 있어 의결권이 있는 주식에 투자하는 것을 금지하고 있다.

### 3) 국민연금의 주주권 행사

우리나라 최대의 기관투자가인 국민연금의 주주권 행사와 관련하여 많은 논란이 있어 왔다. 최근에는 기금관리기본법을 개정하여 기금관리주체(연기금)가 당해 기금으로 주식과 부동산을 살 수 없다고 규정한 조항을 삭제한 바 있다. 그리고 기금관리기본법 제3조의 2 제3항에서 기금관리주체는 간접투자자산운용업법에 따른 사모투자전문회사의 무한책임사원이 될 수 없도록 하였다.

2005년 1월 개정된 기금관리기본법에 따라 2005년 2월 국민연금기금운용본부는 주식의결권의 공정하고 투명한 행사를 위하여 주식의결권행사기준을 제정하여 발표하였다. 그 결과, 연기금은 2002년부터 2004년까지 총 649회의 주주총회 가운데 4.9%인 32회만 1개 이상의 반대의견을 낸 반면, 2005년 1분기에는 현재 266개사의 주주총회에 참석해 11.7%인 31개사의 35개 사안에 대해 반대의사를 표시하는 등 과거에 비해 적극적으로 의결권을 행사하고 있다.[14]

국민연금기금이 보유 주식에 대해 의결권을 행사할 경우 순기능과

---

14) 한광석, "주식의결권행사에 대한 차별적 규제와 해소 방안", 한국경제연구원, 2006. 1, p. 18.

함께 여러 가지 역기능도 나타난다. 먼저 정부, 기업, 노동단체, 시민단체 등이 자기의 목적을 달성하기 위해 국민연금기금을 이용할 가능성이 있다. 그리고 투자수익성 제고를 목적으로 한 안건이나 외국인에 대한 적대적 인수합병에 대한 경영권 방어 등에 예외적으로 허용해야 한다는 주장도 있으나 오히려 적대적 M&A 대상기업의 우호주주가 되어 적대적 M&A를 불가능하게 함으로써 기업지배구조 개선을 어렵게 할 수 있다는 의견도 있다.

2004년 간접투자자산운용업법 개정으로 바이아웃펀드(Buyout funds)를 제도화하였다. 이에 따라 국민연금은 사모펀드에도 투자를 하고 있다. 그러나 투자규모는 2004년 11월 말, 현재 3046억 원(벤처투자 2070억 원, 구조조정투자 976억 원)으로 전체 기금규모 134조 9천억 원의 0.23%, 사모펀드시장규모 6조 5천억 원의 4.7% 수준에 그치고 있다.(오규택, 국민연금포럼 2005년 봄호)

국내 최대 기관투자가인 국민연금은 국내 은행뿐만 아니라 주요 대기업의 대주주이다. 국민연금은 우리 경제규모에 비해 지나치게 비대화하여 정치가, 관료, 이익집단, 시민단체 등의 입김이 작용할 우려가 있고 최근 대규모 사모펀드의 최대주주로써 적극적 M&A를 통한 기업사냥을 계획하는 등 산업자본과 금융자본을 연결하는 통로역할을 할 가능성에 대한 우려를 낳고 있다.

그러나 이와 같은 우려에도 불구하고 국민연금의 주식투자확대와 적극적인 의결권행사는 주주이익에 입각한 기업경영관행을 정착시켜 우리나라 기업지배구조 개선에 기여할 것이라는 주장이 있다. 즉 이러한 의결권행사를 통한 기업지배구조 개선노력이 우리나라 주식시장 전체의 효율성을 높여 결국 연금기금의 수익률을 제고시켜 주는 효과를 가져올 것이라는 것이다.

대부분의 선진국들은 연금기금의 주주권 행사에 제한을 가하지 않고 있다.(박상수, 국민연금포럼, 2004년 겨울호) 실제로 1987년부터 1992년까지 CalPERS가 적극적으로 의결권을 행사한 42개 기업을 대상으로

개입전후의 S&P 500대비 초과수익을 분석한 결과 초과수익률을 실현한 것으로 나타났다.[15]

따라서 이러한 적극적 주식의결권행사를 위해서는 우선 국민연금이 정치적으로 이용되지 않고 독립적이고 전문적으로 운용되어야 하고, 이를 위해서는 국민연금의 지배구조 개선이 필요한데, 이를 위해 해외 공적 연금의 지베구조에 대해. 살펴 보면 다음과 같다.

## 2. 해외 공적연금의 지배구조

### 1) 미국의 연금제도

#### (1) OASDI 제도

OASDI(Old Age, Survivors and Diability Insurance)는 Social Security의 대표적 제도로서 노령, 유족, 장애에 대해 국가가 지급하는 연금 보험제도다. 일반 피고용자 및 자영업자 등 대부분의 국민을 적용 대상으로 하고 있으며, 지출 규모 측면을 고려할 때에도 미국 공적연금 제도의 대표적인 제도라 할 수 있다.

■ 지배구조

OASDI의 경우 정부증권 등에 모든 적립액이 투자되기 때문에 지배구조의 중요성이 그리 크지는 않다. 현재 개인별 계정의 운영이나 주식 등 다양한 투자 수단 허용에 대한 논의가 진행 중이지만 아직 결정된 바는 없다.

OASDI는 OASI와 DI 신탁펀드로 나뉘어져 관련 조직에 의해 관리

---

15) 김우찬, 국민연금기금의 의결권행사체계 구축방안, 「기업지배구조연구」, 2001, 겨울호

되고 있다. 관련 조직으로는 기금운용위원회, 재무부, 보건복지부 사회
보장청 등이 있다.

　기금운용위원회는 신탁펀드의 계획 및 감독에 대한 책임을 진다. 즉
기금운용에 대한 방침을 결정하고, 급여준비율을 감시하고, 재정추계를
국회에 보고하는 업무를 맡는다. 기금운용위원회는 총 6명으로 구성되
고 <표 5-6>과 같다. 공동 대표 2명은 대통령이 지명하고 상원에 의해
승인을 받아 선정한다.

<표 5-6> OASDI 기금운용위원회의 구성

| | 정부 측 인사 | 비정부 측 인사 |
|---|---|---|
| 인원수 | 4명 | 2명 |
| 구성내역 | 재무성 장관<br>노동성 장관<br>보건복지성 장관<br>사회보장청 위원 | 공공 대표 |

자료: 한성윤 외(2000), 국민연금연구센터

　기금운용위원회는 운영이사의 기능을 하는 재무성 장관(Secretary of
Treasury), 노동성 장관(Secretary of Labor), 보건복지성 장관(Secretary
of the Health and Human Services), 사회보장청 위원(Commissioner of
Social Security), 공공대표 2명으로 구성되어 있으며, 매년마다 전년도
신탁펀드 운용 및 향후 재정에 관한 보고서를 국회에 제출하고 승인을
받아야 한다.

　재무성 내에서는 공공채무국이 신탁펀드의 운용을 담당한다. 공공채무
국의 주요 업무로는 ⅰ) 신탁펀드의 회계, 투자, 보고, 현금 관리, ⅱ) 신탁
펀드 운용내역의 매월 공시, 타 부처와의 협력과 급여 지급을 담당하고,
보건복지성과 사회보장청은 ⅰ) 연금재정추계 산정, ⅱ) 가입자의 소득 기
록 보관, ⅲ) 연금 수급권 결정, ⅳ) 연금 급여 계산 등의 업무를 담당한다.

### (2) CalPERS

CalPERS는 1932년 캘리포니아 주 정부에 의해 고용된 근로자에게 퇴직 급여를 제공하기 위하여 주법에 의해 설립되었다. 1939년에는 public agency와 교사가 아닌 교직원의 참여가 허용되었다. 1962년에는 주 정부 근로자를 위해 health benefits를 승인하고, 1967년에는 이것이 public agency와 학교 근로자에게까지 확대되었다. 1992년 캘리포니아 주 의회는 CalPERS가 자금 투자와 운용 관리를 독자적으로 수행할 수 있는 권한을 승인하는 법안을 통과시켰다. CalPERS는 1995년부터 비영리 원칙하에 long-term care를 제공하기 시작했다. 투자자산은 1996년 $1000억을 넘었으며, 2001년에는 $1560억을 넘어섰다.

**■ 지배구조**

CalPERS는 관리위원회가 지배구조의 핵심을 이루면서, 관리와 투자를 포함하는 CalPERS 경영과 통제의 책임을 지고 있다. 결국 관리위원회의 결정은 모든 가입자와 퇴직자에게 영향을 미친다. 관리위원회는 전통적으로 매월 셋째 주 수요일에 Sacramento에서 개최되며, 1년에 한 번 남캘리포니아에서 개최된다. 관리위원회는 의장 및 부의장을 포함하며 13인으로 구성된다.

**〈표 5-7〉 CalPERS 관리위원회의 구성**

|  | 인원수 | 구성내역 |
|---|---|---|
| 선출직 | 6명 | CalPERS 참여자(2명), 주 정부 참여자(1명), 학교 참여자(1명), public agency 참여자(1명), 퇴직 참여자(1명) |
| 지명직 | 3명 | 주지사 지명(2명), 의회 의장과 상원 규정위원회 공동 지명(1명) |
| 당연직 | 4명 | 주 정부 재무 장관, 주 정부 감사관, 인사관리부 장관, 주 정부 인사위원회 피지명인 |

자료: 국민연금 연구센터, 2000

참여자 집단의 선거에 의해 선출된 6명은 CalPERS 참여자를 대표하지만, 지명직 3명과 당연직 4명은 주 정부의 의견을 대변할 가능성이 있다. 실제로 최근 공화당의 캘리포니아 주 집권 이전까지 관리위원회가 민주당 위주로 구성되어 사회적 이슈를 가지는 주식에 많이 투자된다는 비판이 있기도 했다. 따라서 투자 수익률 측면에서 CalPERS가 우수한 이유는 관리위원회의 존재보다는 관리위원회의 투자 의사결정권에 있다고 볼 수 있다.

관리위원회는 산하에 여러 개의 위원회를 두어 구체적인 사안들을 처리하고 있으며, 특정 사안을 위해서 수시로 소위원회를 설립한다. 2003년 말 현재 재정위원회, 급여 및 프로그램 관리위원회, 보건위원회, 투자위원회, 성과 및 보상위원회 등이 있으며, 그 구성과 기능은 <표 5-8>과 같다.

<표 5-8> CalPERS 관리위원회

| 위원회 | 구성 | 기능 |
|---|---|---|
| 재정위원회 | 위원장 1인, 부위원장 1인 포함 총 7명 | CalPERS의 예산에 관하여 심의, 의결, 평가 |
| 급여, 프로그램 관리 위원회 | 위원장 1인, 부위원장 1인 포함 총 7명 | 보험료의 구조, 추계 및 연금 수급 연령 산정 등 연금 제도 전반의 업무를 수행 |
| 보건·의료 위원회 | 위원장 1인, 부위원장 1인 포함 총 7명 | 캘리포니아 주 정부 공무원의 의료, 보건과 관련된 행정업무 관장 |
| 투자위원회 | 위원장 1인, 부위원장 1인 포함 총 13명 | 투자의 정책, 전략 설정, 내부 운용자 및 외부 위탁운용 기관에 대한 성과 분석 수행 |
| 성과 및 보상위원회 | 위원장 1인, 부위원장 1인 포함 총 5명 | 정책에 대한 이행 및 평가에 관한 업무 수행 |
| 기획조정 위원회 | 위원장 1인, 부위원장 1인 포함 총 7명 | CalPERS의 전체 계획에 관한 방향, 자문 등을 평가 |

자료: 국민연금 연구센터, 2000

이들 위원회는 특정 프로그램, 프로젝트, 이슈들을 검토하여 관리위원회에 보고한다. 각 위원회는 관리위원회에 보고 및 제안 등을 하며, 관리위원회의 모든 위원은 적어도 하나의 위원회에 소속되어야 한다.

CalPERS는 1998년 Coporate Governmence Priciples and Guidlines를 만들어서 이사회의 독립, 소유주와 경영진의 관계, 독립 이사의 지위 등에 관한 CalPERS의 입장을 공표하였다. CalPERS는 1997년부터 미국 기업을 대상으로 기업 지배구조와 관련된 '관심 종목'을 선정하여, 해당기업의 이사회를 개혁하도록 직접적인 압력을 행사하고 있다. 이러한 CalPERS의 압력은 기업의 체질을 강화시키고 부수적으로 주가 상승률도 높이는 결과를 가져오고 있다.

## 2) 캐나다의 CPP

캐나다의 공적연금제도는 1927년 노령층에 대한 원조에서 시작되었지만, 본격적으로 1952년에 Old Age Security Act의 입법을 통한 연방적립 연금의 설립으로 시작되었다. 1965년에는 OAS 연금 대상 연령을 65세로 낮추는 조치를 취하였다. 1966년 CPP와 QPP의 도입을 통해 소득 비례 연금 제도가 시행되었다. CPP는 도입 초기에는 관대한 수급 조건을 제시하였으나 이후 재정적 문제로 인해 수급 조건을 강화하였다.

■ 지배구조

기초 부분인 OAS와 소득 비례 부분인 CPP는 Human Resources Development Canada에서 총괄관리하고 있다. CPP의 경우 각종 의사결정 시 정부의 영향에서 자유로우며, 이러한 특징은 CPPIB에서 찾을 수 있다.

CPPIB는 소규모의 전문가로 구성된다는 특징이 있다. CPPIB는 CPP와 독립적으로 운영되고, CPP에 대해 책임이 있는 연방 및 주 정부와는 거리를 두고 있다. 투자 의사결정에 있어서 정부로부터의 독립은 CPPIB의 성공과 공적 신뢰성에 있어서 결정적 요소이기 때문이다.

　정부의 영향에서 자유롭다는 것은 CPP의 대표적인 특징이다. 연방 재무 장관은 CPP에 참여하고 있는 각 주와 협의하여 다음의 업무를 수행한다. ⅰ) CPPIB의 이사 선임, ⅱ) CPP 점검 차원에서 3년마다 법령과 규제를 검토, ⅲ) 적어도 6년에 한 번씩은 CPPIB의 재정 및 경영 통제, 정보체계 및 경영실무에 대한 특별 점검 수행, 분기별 재무제표와 연차보고서가 연방 및 주의 모든 재무 장관에게 전달되고, 연차보고서는 매년 하원에 상정된다. 법령과 규제의 변경은 다소 엄격한 과정을 거치도록 되어 있다. 연방정부와 각 주별로 전체 주민의 2/3가 찬성하는 주들이 2/3 이상이 되어야 법령과 규제의 변경이 가능하다.

　연방 회사 형태로 운영되고 있는 CPPIB의 성격은 크게 두 가지로 요약할 수 있다. ⅰ) CPP에 기여를 하거나 급여를 받고 있는 1600만 명의 대중에 대해 책임을 진다. 이러한 책임을 올바로 수행하기 위해 정확한 정보의 공시는 CPPIB의 기본 과제라 할 수 있다. 참여 주에서 일반 공중을 대상으로 하여 연차보고서를 검토하는 모임을 적어도 2년에 1회 이상 가진다. 웹 사이트와 뉴스 등을 통해서도 중요한 정보를 수시로 공시하고 있다. ⅱ) CPPIB는 투자 및 운영 전략을 책임지는 중역들로 구성되며 외부 전문가를 활용하기 때문에 소규모의 비용 효과적 조직이다.

　CPPIB의 이사 선임 절차는 참여 주와 선임위원회의 도움을 받아서 연방재무 장관이 3년 임기의 이사를 지명한다. 연방 정부는 선임위원회의 회장을 지명하고, 각 참여 주는 대표자 1인을 지명한다. 지명 과정은 투자 및 금융 분야의 전문가가 선임되도록 설계된다. 이사는 3번까지 연임할 수 있으며, 연속성 유지를 위해 한 해에 반수 이상이 만기가 도래하지 않도록 한다.

　CPPIB 이사의 책임은 CPPIB 업무의 감독이라 할 수 있다. 투자정책, 기준 및 절차를 설립하고, 독립 감사를 선임하며, 이해상충을 발견

하여 해결 절차를 승인한다. 또한 이사, 임원, 종업원의 행위 규범을 개발하며 CEO를 선임하고, 이사회 승인 사항과 경영 평가를 포함한 감시 업무와 이사회 자신의 성과 평가를 수행하기도 한다. 재무제표의 승인과 이사회 및 각종 위원회 모임의 준비 또한 이사의 책임이다.

이사회 위원회에는 2003년 말 현재 투자위원회, 감사위원회, 인사 및 보상위원회, 지배구조위원회 등 4개의 위원회가 존재하고 있다. 이 중 투자위원회 및 감사위원회는 CPPIB법에 의해 설립되어 있다. 모든 이사는 기본적으로 투자위원회에 소속되고, 추가로 1~2개의 다른 위원회에 참가하고 있는 방식이다.

이사회 역할을 동시에 수행하고 있는 투자위원회는 투자 정책, 기준, 절차 설정, CPPIB 투자 계획의 검토 및 승인을 담당하고, 투자 위험 관리의 검토, 외부 펀드매니저 및 자산 보관회사를 승인한다. 감사위원회는 재무 감사 및 외부 감사, 정보 체계 및 내부 통제 정책 및 실무의 감독을 수행하며, 위험 관리의 책임을 이사회와 공유한다. 지배구조위원회는 지배구조 정책, 지침, 절차의 추천, 이사회 효과에 관한 의견을 제시하고, 행위 규범 및 이해상충 지침의 적용을 감시하며, 이사회에서 요청된 업무를 감시한다. 인사 및 보상위원회는 보상 철학의 검토 및 추천, CEO의 성과 평가 과정 추천, 조직구조의 검토 등을 수행한다.

## 3) 영국의 연금제도

1908년 Old Age Pensions Act에 의한 노령 연금제도의 도입이 영국 공적연금제도의 시작이라 할 수 있다. 이는 70세 이상의 저소득 노인을 대상으로 이루어졌다. 그러나 기여 없이 급여가 지급되는 일종의 공적 부조 제도였기 때문에, 대상자의 자산 조사에 의한 선별주의로 시행되었다는 특징이 있다. 본격적인 연금제도는 1925년 Widows,

Orphans and Old Age Contributory Pension Act 재정에 따라 대상자가 연금보험료를 납부하면서 시작되었다. 기존 노령 연금제도 대상의 급증에 따른 재정부담을 해소하기 위해 사용자와 근로자가 같은 비율로 연금 기여액을 납부하게 되었다.

1946년 전 국민을 대상으로 한 기초 연금제도가 확립되었다. 이는 National Insurance Act에 기초한 제도로서, 소득수준에 관계없이 정액을 기여하고 정액을 급여하는 방식으로 시행되었다. 이후 1978년 Social Security Pension Act에 의해 소득비례 연금제도가 도입되었다. 이 제도에는 적용 제외라는 독특한 내용이 존재한다. 국가에서 운영하는 소득비례 연금제도에 가입하는 것을 원칙으로 하지만, 민간기업이 운영하는 기업연금에 가입하면 SERP 가입을 면제시켜 주는 것이다. 1986년에는 소득 비례 연금의 적용 제외 범위를 개인연금까지로 확대하였다.

1998년 블레어 정부는 Stakeholder Pension Schemes와 제2 국가연금을 도입하였다. Stakeholder Pension Schemes는 기업연금과 개인연금의 혼합 성격으로서, 개인 계정은 유지되면서도 연금 운영은 전체적으로 이루어지는 특성을 가진다. 이는 징수 및 운영비용 절감이라는 기업연금의 장점과 다른 연금 체계로 자유롭게 이동할 수 있는 개인연금의 장점을 혼합한 것이라 할 수 있다. SSP는 SERP를 대체하기 위해 소개된 제도로서, 2002년 4월부터 실시하고 있다. SSP는 저임금자와 비정규직 등 저소득층에게 유리하도록 급여 가치를 설정한 제도이다.

▣ 지배구조

영국 사회보장 제도는 과거에는 Department of Social Security가 담당하였으나 이 부서가 Department for Educational and Employment와 통합되면서 변화가 있었다. 현재는 두 부서의 통합 기관이 Department for Work and Pension가 공적연금을 담당하고 있다. 공적연금의 구체적 의사결정을 위해 DWP는 산하에 Pension Service라는 기관을 2001년 6월에 별도로 설립하였다.

　　Pension Service는 관리위원회, 연금 가입자위원회, 운영위원회, 프로그램 관리위원회, 성과 및 개선위원회 등 5개의 위원회를 두고 있다. 이 중 연금 가입자위원회와 Pension Service 관리위원회가 상위 책임을 담당하고, 나머지 3개의 위원회는 상위 위원회에 속하는 이중 구조를 띠고 있다는 것이 Pension Service 지배구조의 특징이라 할 수 있다. 그 밖에 6명의 비상임 위원으로 구성된 의사결정 표준위원회와 2명의 비상임 위원으로 구성된 감사위원회를 두고 있다.

　　<표 5-9>는 각 위원회의 주요 업무와 구성 내역을 정리하여 보여주고 있다. Pension Service 관리위원회는 의장과 상임이사 6명, 비상임이사 3명으로 구성되며, 연금과 관련된 최종 의사결정을 담당하는 위원회이다. 이 위원회는 현 연금제도의 전략적 방향을 제시하는 역할을 하며, 구체적인 업무는 운영위원회, 프로그램 관리위원회, 성과 및 개선위원회에 업무를 위임하는 방식으로 이루어진다. 연금 가입자위원회는 의장과 상임이사 5명, 비상임이사 1명으로 이루어진 위원회이다. 이 위원회는 연금 가입자들의 의사를 연금제도 운영에 반영시키는 역할을 수행하고 있다.

　　운영위원회는 의장과 12명의 이사로 구성된 위원회이다. 실제 연금 운영에 관련된 주요 업무를 담당하며, 자료 분석, 관리 및 수탁보고서 등을 작성하는 역할을 수행한다. 프로그램 관리위원회는 핵심 위원 8명과 외부 초빙인사 7명으로 구성된 기관으로 연금 프로그램의 효율적인 관리방안을 모색하는 일을 수행한다. 마지막으로 성과 및 개선위원회는 의장과 위원 8명, 운영이사 3명, 외부초빙 인사 1명으로 구성되며 현 연금제도의 문제점과 제도의 미래와 관련된 의제를 논의하는 역할을 수행한다.

〈표 5-9〉Pension Service 각 위원회의 주요 업무와 구성 내역

|  | 주요업무 | 총인원 | 구성내역 |
|---|---|---|---|
| Pension Service 관리위원회 | 연금관련 최종 의사결정, 전략적 방향 제시 | 10명 | 의장, 상임이사 6명, 비상임이사 3명 |
| 연금 가입자위원회 | 연금 가입자들의 의사 반영 | 7명 | 의장, 상임이사 5명, 비상임이사 1명 |
| 운영위원회 | 자료분석 및 실제 연금 운영, 관리 및 수탁 보고서 작성 | 13명 | 의장, 이사 12명 |
| 프로그램 관리위원회 | 연금 프로그램의 효율적 관리방안 모색 | 15명 | 핵심위원 8명, 외부 초빙 인사 7명 |
| 성과 및 개선위원회 | 현 제도의 문제점과 제도의 미래와 관련된 의제 논의 | 10명 | 의장, 위원 5명, 운영이사 3명, 외부 초빙 인사 1명 |

자료: Pension Service 웹 사이트(www. thepensionservice . gov. uk)

## 4) 일본의 연금제도

현재 일본 공적연금제도의 기원은 1942년 「노동자연금보험법」의 실시에서 찾을 수 있다. 이는 1944년 「후생연금보험법」으로 개정되었다. 개정법의 특징은 적용 대상을 여성 노동자에게까지 확대하고, 광부에 대한 가입 기간을 가산하며, 국고 부담을 증대시켰다는 것이다. 그러나 2차 대전 이후 가입자 수가 급격히 감소되고, 인플레이션으로 인해 급여가치 보존이 힘들게 되어 제도의 변화가 요구되었다.

1961년 국민연금 제도 도입은 일본 공적연금제도의 큰 전환을 가져왔다. 이는 자영업자와 5인 미만의 사업장 노동자, 농민, 실직자까지 포괄하는 전 국민 포괄 연금제도로 시작되었다. 이후 1973년 연금 급여의 물가 연동을 통해 급여의 소득 대체율을 60% 수준으로 상승시켰다. 1985년에는 국민연금제도를 후생연금의 기초부분과 산식을 통합하여 기초연금제도를 도입하였다.

■ 지배구조

일본 공적연금 운용 제도는 2001년 4월 전면 개편되었다. 과거 기금 관리 주체는 대장성이었으나, 개편 이후 기금 운용은 '연금복지사업단' 을 개편한 '연금자금운용기금'에서 담당하는 체계로 바뀌었다. 이러한 개편은 과거 대장성에 예탁된 재정투융자 기금이 비대해져 각종 문제를 발생시킴에 따라 대장성에 대한 개편이 불가피해졌기 때문이다. 현재 제도에서 대장성의 역할은 기존에 예탁된 ¥112조를 2008년까지 GPIF 에 반환하는 것으로 한정되었으며, 다른 부분에서 공적연금에의 관여는 이루어지지 않고 있다.

현재 일본 공적연금제도의 보험자는 후생노동성이고 주요 업무는 크게 4가지로 볼 수 있다. 첫째, 연금제도를 설계하고, 재정 재계산을 수행한다. 둘째, 가입자들로부터 보험료를 징수하고, 연금급여를 지급하는 업무를 한다. 셋째, 연금 적립금의 운용 기본 방침을 수립한다. 운용 기본 방침에는 운용 목표의 설정과 장기적 자산 포트폴리오 구성 등의 내용이 포함된다.

연금 자금의 실질적인 운용을 담당하는 GPIF는 4가지 주요 업무를 담당하고 있다. 첫째, 관리 운용 방침을 비롯하여 구체적인 자금 운용의 방침을 결정한다. 둘째, 연금자금의 외부 운용기관을 선정 및 평가한다. GPIF는 일부 자금은 민간 위탁을 통하여 운용하고, 일부는 직접 운용한다. 따라서 민간 운용기관을 통한 자금 운용의 경우 운용기관의 선정은 연금 자금의 재정 안정에 핵심적인 요소라 할 수 있다. 셋째, 연금 자금의 운용 리스크를 관리한다. 이는 운용부와 별도로 기획부에서 관리한다. 넷째, 운용기관에 대한 자금 배분을 결정한다.

연금 보험자인 후생노동성은 연금제도의 기본적인 방침에 대해 후생노동성 밖에 별도로 설치된 운용기금위원회에 자문을 청하며 운용기금위원회는 이에 대해 답신을 준다. 또한 운용기금위원회는 후생노동성의 외부 감시 기능도 담당하고 있다.

GPIF의 주요 조직으로는 투자전문위원과 이사회를 들 수 있다. 이사회는 이사장 1명과 2명의 이사로 구성되어 있다. 이사회 구성은 후생노동성 장관이 직접 임명한다. 이사회의 업무는 연금 자금의 관리 운용 방침 작성, 업무 지침 작성, 외부 운용기관과의 위탁계약 체결, 기타 자금 운용 사업에 관계된 기획 및 입안에 관한 사항 결정 등 다양하여 GPIF의 핵심적 업무를 담당하고 있다. 한편 이사회와 별도로 투자전문위원을 두어 이사회의 심의 및 GPIF 일반 담당자의 업무 수행 시 조언을 하는 역할을 담당한다. 투자전문위원은 자산운용, 법령, 재무·회계 분야의 전문가 1명씩 총 3명으로 구성되어 있다.


## 3. 국민연금의 지배구조

### 1) 국민연금의 지배구조 현황 및 평가

#### (1) 기금운용위원회

기금운용위원회는 법 제84조에 의하여 설치된 국민연금기금 운용에 관한 최종의사결정기구로서, 기금운용지침, 기금의 관리기금 예탁 시 예탁이자율의 협의, 기금의 연도별 운용계획, 기금의 운용내역과 사용내역, 운용결과 평가 및 기금동향과 기타 기금운용에 관한 주요 사항을 심의·의결함으로써 국민연금사업을 효율적으로 관리하기 위해 구성된 기구이다.

기금운용위원회는 보건복지부 내에 설치되며, 그 구성을 살펴보면 당연직 위원 7인과 위촉위원 14인 등 총 21인으로 구성되어 있고, 보건복지부 장관이 위원장이 된다. 당연직 위원은 주로 국민연금과 관련된 정부 부처의 공무원이며, 위촉위원은 사용자단체추천대표 3인, 노동조합연합단체추천 3인, 지역가입자단체추천 6인, 관계전문가 2인으로 구성된다. 현재 기금운용위원회의 구성은 <표 5-10>과 같다. 기금운용위원의 임기는 2년이며, 기금운용위원회는 연 4회 이상 개최되어야 한다.

〈표 5-10〉 기금운용위원회 구성 내역

| 당연직위원(7인) | | 보건복지부 장관(위원장), 재정경제부 차관, 농림부 차관, 산업자원부 차관, 노동부 차관, 기획예산처 차관, 국민연금관리공단 이사장 |
|---|---|---|
| 위촉 14인 | 사용자 단체추천(3인) | 경총 부회장, 중기협 부회장, 전경련 부회장 |
| | 노동조합 연합단체 추천(3인) | 한국노총 부위원장, 민주노총 사무총장, 금융노련 위원장 |
| | 지역가입자단체 추천(6) | 농협 대표이사, 수협 부회장, 공인회계사회 부회장, 음식업중앙회 회장, 소비자보호단체 협의회 회장, 참여연대 공동대표 |
| | 관계전문가 | 보건사회연구원장, KDI 원장 |

자료: 한성윤 외(2000), 국민연금연구센터

기금운용위원회는 공적연금의 일반적 구조에 비추어 볼 때 수탁자에 해당하는 기구로 볼 수 있다. 즉 기금운용 지침 및 계획, 운용내역 등을 포함하는 기금운용 관련 주요 사항을 심의·의결하는 기능을 담당함으로써 의사결정 통제기능에 해당하는 승인과 감시 기능을 수행한다.

또한 법 제84조의 2는 기금운용위원회의 실무적 사항 수행을 위하여 기금운용위원회 내에 "기금운용 실무평가위원회"를 설치하도록 규정하고 있다. 실무평가위원회는 기금운용자산의 구성 및 기금의 회계처리, 기금운용 성과의 측정, 기금의 관리·운용에 있어서 개선해야 할 사항 등에 관하여 심의·평가하는 기능을 수행함으로써 기금운용위원회의 기능 수행을 돕는다. 실무평가위원회의 구성은 기금운용위원회와 거의 동일하다. 관련 정부 부처 공무원으로 임명되는 당연직 위원 7인과 위촉위원의 요건[16]을 갖춘 사용자단체가 추천한 3인, 노동조합연합단체

---

16) 법 제84조의 2 제3항 ① 변호사 또는 공인회계사의 자격이 있는 자, ② 사회복

추천 3인, 지역가입자단체추천 6인, 그리고 관계전문가 2인을 포함하는 14인이 위촉위원으로 구성된다. 현재 실무평가위원회의 구체적 구성 내역은 <표 5-11>과 같다.

**〈표 5-11〉 기금운용 실무평가위원회 구성 내역**

| 당연직(7인) | | 보건복지부 차관(위원장), 보건복지부 장관, 재경부 차관, 농림부 차관, 산자부 차관, 기획예산처 차관, 노동부 차관이 지명하는 소속부처의 2급 또는 3급 국가공무원 1인 |
|---|---|---|
| 위촉위원<br>(14인) | 사용자단체<br>추천(3인) | 경총, 중기협, 전경련 추천 각 1인 |
| | 노동조합연합<br>단체추천(3인) | 한국노총, 민주노총 사무총장, 한국노총 산하연맹 추천 각 1인 |
| | 지역가입자<br>단체추천(6인) | 농협중앙회, 수협중앙회, 공인회계사회, 음식업중앙회, 소비자보호단체 협의회, 참여연대 추천 각 1인 |
| | 관계전문가 | 보건사회연구원 연금보험팀장, 국민연금연구센터 소장 |

자료: 한성윤 외(2000), 국민연금연구센터

### (2) 국민연금관리공단 및 기금운용본부

국민연금관리공단은 국민연금 사업을 효율적으로 수행하기 위하여 (법 제22조) 설립된 법인(법 제24조)이다. 국민연금관리공단이 수행하는 업무는 ⅰ) 가입자에 대한 기록의 관리 및 유지, ⅱ) 연금보험료의 징수, ⅲ) 급여의 결정 및 지급, ⅳ) 가입자·가입자였던 자 및 법 제46조의 규정에 의한 수급권자를 위한 자금의 대여 및 복지시설의 설치·운영 등 복지증진사업, ⅴ) 가입자·가입자였던 자에 대한 기금 증식을 위한 자금 대여 사업, ⅵ) 기타 국민연금 사업에 관하여 보건복지부 장

---

지학, 경제학 또는 경영학 등을 전공하고 고등교육법에 의한 대학에서 전임강사 이상의 직에 3년 이상 재직 중인 자, ③ 사회복지학, 경제학 또는 경영학 등 박사학위 소지자로서 연구기관 또는 공공기관에서 3년 이상 재직한 경력이 있는 자.

관이 위탁하는 사항 등이다.

국민연금의 운용 주체는 보건복지부 장관이지만, 실제 기금운용업무의 일부를 법 제83조 ⑤항에 의거, 국민연금관리공단에 위탁할 수 있도록 되어 있다. 기금운용본부는 이에 따른 국민연금기금의 운용 실무를 담당하는 부서로 국민연금관리공단 내 본부로 설치되어 있다. 기금운용조직의 자율성과 전문성을 확보하기 위하여 1999년 11월 기존의 기금운용실을 기금운용본부로 확대·개편하였다. 기금운용본부장은 국민연금관리공단의 "기금이사"로서 상임이사가 되며, 국민연금관리공단 이사장, 당연직 이사 및 가입자를 대표하는 이사로 구성된 "기금이사 추천위원회"의 심사를 거쳐, 이사장이 후보를 보건복지부 장관에게 추천, 장관의 승인으로 임명된다. 기금이사는 경제학 또는 경영학 기타 기금운영 관련 분야 학문 석사학위 이상 소지자로서, 자산관리 또는 투자실무 분야에서 3년 이상 자산운용 경험이 있어야 한다는 자격 요건을 갖추어야 한다.

기금운용본부는 운용 전문 인력을 보유하면서 국민연금기금을 직접 운용하기도 하고, 외부의 전문 자산운용사에 외주를 통하여 운용하기도 한다. 이와 같이 연금기금의 실제 운용을 담당한다는 측면에서 기금운용본부는 기금운용자에 해당한다고 볼 수 있다.

(3) 국회 및 정부

우선 국회는 매년 연간 기금운용계획 및 기금운용 실적에 대한 결산을 심의·의결하여 최종적으로 확정한다. 따라서 국민연금기금의 운용에 있어서 실질적인 최고·최종 심의의결기구는 기금운용위원회가 아니라 국회라고 보아야 할 것이다.[17]

또한 국민연금 사업의 주무부처인 보건복지부 이외에도 행정부의 여

---

17) 2001년 12월, 기금의 투명성·효율성·책임성을 높이기 위하여 금융성 기금을 제외한 모든 기금의 운용계획안과 기금 결산을 국회의 의결을 거치도록 「기금관리기본법」이 개정되었다.

러 기관들이 각자의 소간 업무상의 근거에 의하여 국민연금기금 운용 의사결정과정에 개입하고 있다. 기획예산처는 정부의 예산 및 재정 운용을 담당하는 부처의 입장에서 연금기금 운용의 기본 정책을 수립하고, 연금기금 운용계획안을 협의하고 조정하는 과정에 참여하며, 연금기금 운용에 대한 감독 및 평가를 담당한다.(기금정책국) 재정경제부는 사회복지시책의 협의ㆍ조정(경제정책국 복지생활과) 및 정부 결산(국고국) 과정에서 국민연금기금의 운용 의사결정에 개입한다. 기획예산처와 재정경제부, 그리고 농림부, 산업자원부, 노동부는 기금운용위원회 및 기금운용 실무평가위원회에 당연직으로 참여함으로써 의사결정에 개입한다. 이외에 감사원은 국민연금관리공단에 대한 감사(사회ㆍ복지감사국)를 통하여 국민연금 사업 및 기금운용과 관련을 맺고 있다.

## 2) 국민연금 지배구조의 문제점 및 개선 방안

### (1) 기금운용위원회의 규모

현재 21인으로 구성되어 있는 국민연금 기금운용위원회의 규모는 일반 기업의 이사회 규모 혹은 연금의 수탁자 규모에 관한 학술적 연구에서 제시하고 있는 수준이나 외국의 주요 공적연금의 수탁자 규모에 비해 매우 크다고 할 수 있다. 즉 OASDHI의 운용이사회가 6인, CalPERS의 관리위원회는 13인, 캐나다의 CPPIB는 11인으로 구성되어 있는 것에 비하면 아주 많은 수다.

미국의 공적연금 기금운영이사회 이사 수에 대한 연구에 따르면 인원 수가 너무 적으면 다양한 경험과 전문지식의 부족으로 좋은 의사결정을 하기 어렵고, 그 수가 너무 많으면 합의 도출 및 책임감 부여 등이 어려워 효율적 의사결정을 어렵게 하고, 구성원 개개인의 책임감이 희석될 가능성을 높게 만들 수 있으므로, 8명 내외가 적정하다고 한다.[18]

---

18) David Yermack, "Higher Market Valuation of Companies with a Small Board

　따라서 기금운용위원회의 의사결정 효율성을 높이고, 운용위원들의 책임감을 제고하기 위해 현재 21명인 위원회의 규모는 대폭 줄여야 할 것으로 생각된다.

### (2) 기금운용위원회의 구성

　기금운용위원회는 당연직 위원 7인과 위촉위원 14인 등 총 21인으로 구성되어 있고, 보건복지부 장관이 위원장이 된다. 당연직 위원은 주로 국민연금과 관련된 정부 부처의 공무원이며, 위촉위원은 사용자단체추천대표 3인, 노동조합연합단체추천 3인, 지역가입자단체추천 6인, 관계 전문가 2인으로 구성되어 있고, 보건복지부 내에 설치되어 있다.

　이러한 기금운용위원들의 면면을 살펴봤을 때 과연 기금운용위원회가 정부로부터 얼마나 독립적일 수 있고, 또한 국민연금기금의 운용 및 투자 전략의 수익성 및 그에 수반되는 위험뿐 아니라 이러한 전략이 자본시장 및 국민경제 전반에 미치게 될 영향까지 폭넓게 고려해야 하는 고도의 전문성을 얼마나 갖출 수 있을지에 대한 의문을 던질 수밖에 없다.

　여기서 기금운용위원들의 독립성이 중요한 이유는 연금기금 운용 성과를 위하여 중요하고, 일반기업의 지배구조에 영향을 미칠 수 있다는 점 때문이다. 국민연금은 우리나라 주식시장에서 최대의 단일투자자로서 다양한 기업의 상당한 지분을 확보하고 있다. 최근 기업지배구조 개선에 관한 수많은 논의가 이루어지고 있고, 그 일환으로 기관투자가 대주주의 적극적 의결권행사를 비롯한 주주 행동주의가 대두되었다.

　원칙적으로 국민연금의 의결권행사는 기업에 투자하고 있는 연금기금의 가치를 제고하는 방향으로 이루어져야 할 것이나, 만일 국민연금이 대주주로서 적극적으로 의결권을 행사할 때, 그 외의 다른 정치적·정책적 의도에 따라 행사한다면, 의결권행사가 민간기업에 대한 정부의 영향력 행사의 통로로 이용될 가능성이 있다는 것이다.

따라서 기금운용위원회가 독립성을 갖추기 위해서는 우선, 현행 기금운용위원회의 구성에 있어서 대폭적인 변화가 필요하다. 정부 각 부처의 공무원으로 임명되는 당연직 위원을 없애고 위원회의 설치, 즉 법적 위상이 이들 부처로부터 분리, 독립되어야 한다. 기금운용위원회가 특정 정책 부처의 소관으로부터 분리되면 위원의 임명 혹은 위촉은 새로운 위계에 따라 궁극적으로 대통령이 행하는 것으로 정리되어야 할 것이다.

두 번째, 기금운용위원회 위원의 임무 수행에 있어서의 독립성이 법적으로 보장되어야 하며, 아울러 임기와 신분 또한 보장되어야 한다. 위원의 임기는 국민연금기금이 장기 부채의 성격을 가지며, 따라서 중장기적인 투자·운용이 요구된다는 점을 고려할 때 최소 3년 이상이 되도록 하는 것이 바람직하다.[19] 그리고 임기 중에는 법에 규정된 경우 이외의 사유로 면직 또는 해촉되지 않도록 신분을 보장하는 것이 필요하다.[20]

또한 위촉위원들의 경우 대부분 국민연금 이해관계자 집단의 대표자들이기 때문에 이들에게 전문성을 기대하기는 어렵고, 전문가를 대표하는 위원 2명도 연금기금의 운용과 관련된 특정 분야에 대한 전문가가 아니라 국민연금의 전반적인 사업과 관련된 광범위한 의미에서의 전문가라 할 수 있다.

따라서 기금운용위원들의 전문성을 향상시키기 위해서는 당연직 위원을 없애는 대신, 기금운용과 관련된 핵심 부처들이 추천하는 기금운용 관련 경제·금융 전문가를 위원으로 선임하도록 하고, 현재 각 가입자 및 사용자 단체 대표로 선임되는 위촉위원은 각 가입자 및 사용자 단체

---

19) 미국 Social Security 수탁위원회 위원의 임기는 6년, 캐나다 CPPIB 위원의 임기는 3년이다.
20) 법 개정안에서는 위원의 임기를 3년으로 하고, 1회에 한하여 연임할 수 있도록 규정하고 있다.

가 추천하는 기금운용 관련 경제·금융 전문가로 선임해야 한다.

기금운용위원회가 담당하는 역할의 일차적 대상은 국민연금기금의 운용에 관한 문제이며, 국민연금 사업에 관한 문제가 아니라는 점을 고려할 때, 전문가의 범위는 경제·금융 분야로 국한하는 것이 바람직할 것이다.

### (3) 기금운용위원회의 책임성 및 의무

현행 「국민연금법」에서는 기금운용위원회의 책임성의 대상이 누구이며, 기금운용위원회는 누구의 이익에 입각하여 국민연금기금 운용에 있어서의 의사결정 통제기능을 수행해야 하는지가 명확하게 규정되어 있지 않다. 우선 법은 국민연금기금이 누구의 이익을 최우선으로 고려하여 운용되어야 하는지에 대하여 명시적으로 밝히지 않고, 다만 "국민연금재정의 장기적인 안정유지를 위하여 그 수익을 최대로 증대시킬 수 있도록"(법 제83조 ②항) 운용되어야 함을 규정하고 있을 뿐이다. 이것은 국민연금의 1차적 소유자인 연금 가입자가 부담하는 잔여위험을 최소화한다는 의미를 담고 있는 것으로 해석할 수 있으며, 따라서 연금 가입자의 이익을 반영한다고 볼 수도 있으나, 매우 간접적이며 추상적인 수준의 언급에 그치고 있다고 보아야 할 것이다.

법 제83조 ③항은 "신의에 좇아 성실하게" 운용되어야 함을, 「국민연금기금운용규정」 제4조 ①항은 (공단)직원은 "선량한 관리자로서의 주의의무를 다하여야" 함을 규정함으로써 기금운용자가 부담하는 수탁의무를 규정하고 있다. 그러나 여기에서도 "누구의 이익을 위하여" 주의의무를 다하여야 하는지, "누구와의" 신의를 좇아야 하는지에 대해서는 명시되어 있지 않다. 주의의무의 규정 역시 미국의 "prudent person rule"과 같은 주의 정도에 대한 기준이 제시되어 있지 않다.

이와 같이 법 및 규정이 말하고 있는 연금운용의 목표 및 수탁의무가 기금운용위원회에 적용되는지의 여부 역시 명확하지 않다. 우선 「국민연금기금운용규정」은 공단 직원의 의무를 규정하고 있기 때문에 공단 외부조직인 기금운용위원회의 의사결정에는 적용되지 않는 것으로 보아야 할 것이다. 법의 규정 역시 제83조 ①항에서 국민연금기금의 관리·운용자가 보건복지부 장관으로 규정되어 있고, 이 관리·운용자의 행위기준을 정하고 있는 것으로 판단되는 바, "신의에 좇아 성실하게"라는 행위기준은 보건복지부 장관 및 그 위임을 받은 기금운용본부에 적용되며, 기금운용위원회에 적용되는 것은 아닌 것으로 보인다. 따라서 결론적으로 현재의 기금운용위원회는 국민연금기금의 관리·운용에 대한 심의·의결권을 가진 수탁자에 해당하는 기구로서 부담해야 할 책임성의 대상이 모호하며, 수탁의무 역시 부담하고 있지 않는 것으로 판단된다.

### (4) 기금운용위원회의 역할 및 권한

공적연금의 수탁자가 기금운용과 관련하여 수행하는 가장 중요한 의사결정은 자산배분 원칙 및 기금운용계획, 혹은 투자 정책을 수립하는 것이다. 그리고 이와 관련된 수탁자의 권한의 범위는 관련법과의 관계에서 결정된다. 즉 자산배분 원칙을 법규로 규정하고 있는 경우에는 수탁자의 권한은 축소될 것이고, 자산배분 원칙을 수탁자가 결정하도록 되어 있는 경우에는 그만큼 권한은 커질 것이다.

국민연금의 경우 2000년 12월, 법의 개정으로 투자 대상을 「증권거래법」이 정한 유가증권의 범위로 정함으로써 열거주의의 경직성을 완화하면서, 동시에 코스닥, 해외증권, 유가증권 대차거래, 유가증권 지수선물 및 옵션 등으로 확대하였다. 따라서 부동산을 제외하면 일반적으로 인정되는 투자 대상 자산은 모두 포함하고 있다고 볼 수 있다.

기금운용위원회는 기금운용지침과 기금운용계획을 의결·승인하는 권한을 가진다. 기금운용지침은 금융자산에 대한 투자를 포함하여 공공사업, 복지증진 사업, 대여사업을 모두 포함하여 기금자산의 배분 원칙을 정하는 것이고, 기금운용계획은 기금운용지침을 바탕으로 연금기금의 구체적 운용계획을 정하는 것이기 때문에 기금운용에 관한 핵심적 의사결정의 상당 부분이 법에서 규정되지 않고 기금운용위원회에 주어져 있다고 볼 수 있다. 그러나 전술한 바와 같이 「기금관리기본법」의 개정에 따라 기금운용계획 및 결산에 대한 최종적 의결권이 국회로 넘어감에 따라 국민연금기금 운용에 있어서의 의사결정 통제, 즉 승인과 감시를 담당하는 기구로서의 기금운용위원회의 위상은 상당 부분 상실되었다.(원종욱 외(2002))

수탁자는 공적연금에서 의사결정 통제기능을 담당하여, 의사결정 관리 기능을 담당하는 펀드 운용자를 감시하고 통제하는 것이 본연의 기능이다. 국민연금의 경우 기금운용위원회는 국민연금기금의 실제 운용을 담당하고 있는 국민연금관리공단의 기금운용본부를 감시하고 통제하는 것이 원칙이다. 그런데 기금운용본부는 기금운용위원회의 통제를 받음과 동시에 국민연금관리공단의 내부 조직으로서 공단 이사장의 지휘와 통제 아래에 놓여 있는 이중적 위계구조를 갖고 있다. 따라서 공단 외부에 설치된 기금운용위원회가 공단 일부 조직(기금운용본부)의 의사결정 및 기능 수행에 대해서만 통제권을 갖게 되는 결과를 낳고 있다.

   (5) 기금운용 성과 평가
연금펀드 운용의 성과에 대한 평가는 의사결정 통제 중 감시 기능의 핵심이다. 수탁자는 연금펀드의 운용성과를 평가하여 그 결과에 따라 펀드 운용자에게 보상을 실시하고, 계속해서 운용을 맡길 것인지, 교체할 것인지의 여부를 결정하게 된다. 특히 대다수의 국민을 가입자로 하고 있고, 따라서 국민적 관심이 높을 수밖에 없는 국민연금의 경우에는 국민연금기금의 운용 성과 제고뿐 아니라 운용에 대한 국민들의 신뢰 제고를 위해서도 합리적인 성과 평가는 매우 중요하다.

국민연금의 성과 평가는 매년 실시되며, 기금운용본부가 집계한 기금운용 결과를 기초로 공단의 국민연금 연구센터 및 외부 전문 평가기관이 1차적으로 평가를 실시한 다음, 그 결과를 토대로 기금운용 실무평가위원회의 최종평가를 거쳐 기금운용위원회에 보고하도록 되어 있다.

국민연금기금과 같은 적립방식 공적연금펀드의 운용은 그 성격상 장기적 성격을 가질 수밖에 없다. 현재의 기여자가 납부한 연금보험료를 운용하여 그 기여자가 수령자가 되었을 때 연금급여를 지급하는 것이기 때문에, 수년 혹은 십수 년에 걸친 장기적 운용과 투자가 이루어져야 한다. 따라서 연금펀드의 중장기적 운용·투자 계획의 수립을 위한 중장기적인 정책적·전략적 자산배분이 결정되어야 하며, 운용 성과 역시 이러한 중장기 전략에 입각하여 평가되어야 한다.

그러나 현재 국민연금기금에 대해서는 중장기적인 자산배분 정책이나 전략을 마련해 놓고 있지만 실제 구속력을 갖고 추진되지는 않고 있다. 따라서 실제로 구속력을 갖고 집행되는 운용·투자 전략으로는 매년 수립되는 연간 단위의 기금운용계획만이 존재하며, 따라서 기금운용에 대한 성과 평가 역시 연간 단위로 이루어지고 있다. 이와 같이 단기성과에 입각한 평가는 국민연금기금의 단기운용을 초래하여, 특히 주식과 같은 위험자산의 경우 단기적 수익률 극대화를 위하여 장기적 수익률을 희생하거나 위험자산에 대한 투자자체를 회피하는 유인을 발생시킬 수 있다.[21)]

## 4. 선진국 연기금의 투자 현황

### 1) 미국의 CalPERS

미국의 대표적인 연기금인 CalPERS는 2006년 2월 말 현재 2071억 불의 자금을 운용하고 있다.

---

21) 우재룡 외, 『국민연금 기금운용 중장기 투자정책: 최종보고서』, 2002, pp. 631~708.

### 〈표 5-12〉 CalPERS의 투자 현황(2006년 2월 말 현재)

(단위 $10억)

| 자산종류 | 글로벌채권 등 | 주식 | | | 부동산 | 전체 |
|---|---|---|---|---|---|---|
| | | 국내 | 해외 | 주식합계 | | |
| 금액 | 43.5 | 83.8 | 48 | 131.8 | 9.3 | 207.1 |
| 비중 | 21% | 40.46% | 23.17% | 63.63% | 4.49% | 100% |

자료: www.calpers.ca.gov, CalPERS General Facts(2006)

CalPERS는 주로 글로벌채권, 주식, 부동산 등 세 부문에 투자하고 있는데, 그 구성비는 글로벌채권 21%, 주식 63.63%, 부동산 4.49%로 주식 부문에 대한 투자비율이 가장 높다.

이러한 CalPERS의 투자 의사결정은 관리위원회에 의해 이루어진다. 관리위원회는 주 정부의 영향에서 벗어나 일관된 투자 의사결정을 통해 가입자들의 장기적·안정적 수익률을 얻도록 하고 있다는 것이 CalPERS 투자 정책의 핵심이다.

더욱이 CalPERS의 투자위원회는 향후 장기적으로 채권과 주식의 비율을 다소 줄이는 대신 대체투자 및 부동산의 비율을 증가시키려는 계획을 마련한 바 있다. 그러나 단기매매는 거의 하지 않고 10년 이상 장기투자를 위주로 하며, 주식투자를 할 때에는 외부 유수 39개 전문 운용사에 위탁, 운용되고 있다.[22]

## 2) 캐나다의 CPP

2006년 5월 말 현재 캐나다 CPP의 투자 현황은 다음과 같다. 주식은 총 투자액 중 36.6%는 해외에, 32.8%는 국내에 투자하였다. 부동산

---

22) 원종현, "CalPERS의 적극적 투자운용 사례", 『연금포럼』 겨울호, 2004, pp. 77~83.

의 경우 4.7%이고, 채권은 19.9%이다.

<표 5-13> CPP의 투자 현황(2006년 5월 말 현재)

| ($ millions) | 2006 | | 2005 | |
|---|---|---|---|---|
| | Fair Value | % | Fair Value | % |
| Equities | | | | |
| Canada | 29,138 | 32.8% | $ 27,669 | 47.1% |
| Non-Canada | 32,568 | 36.6 | 20,882 | 35.6 |
| Real Return Assets | | | | |
| Real Estate | 4,190 | 4.7 | 780 | 1.3 |
| Inflation-linked bonds | 3,959 | 4.4 | - | - |
| infrastructure | 350 | 0.4 | 230 | 0.4 |
| Nominal Fixed Income | | | | |
| Bonds | 17,752 | 19.9 | 8,749 | 14.9 |
| Money markets securities | 1,049 | 1.2 | 412 | 0.7 |
| | 89,006 | 100 | $ 58,722 | 100 |

자료: CPP 홈페이지: www.sdc.gc.ca/en/home.shtml
   CPPIB 홈페이지: www.cppib.ca/index_en.html

## 3) 일본의 국민연금과 후생연금

<표 5-13>는 일본 공적연금의 2006년 9월 현재 투자 현황을 보여주고 있다. 국내채권과 해외채권의 합이 61.84%로 가장 큰 비중을 차지하지만, 국내주식 23.29%, 해외주식 14.86%라는 점은 우리 국민연금기금과는 대비되는 투자 성향을 보여주고 있다. 이러한 공적연금의 운용은 연금자금 운용기금에 의해 전문적으로 이루어지고 있다.

### 〈표 5-14〉 일본 공적연금의 투자 현황(2006년 9월 현재)

(단위: 1억¥)

| | 국내주식 | 해외주식 | 국내채권 | 해외채권 | 단기자산 | 합계 |
|---|---|---|---|---|---|---|
| 투자액 | 177,834 | 113,467 | 389,266 | 82,955 | 34 | 763,556 |
| 비중 | 23.29 | 14.86 | 50.98 | 10.86 | 0.00 | 100.00 |

자료: 연금적립금관리운용독립행정법인 웹 사이트: www.gpif.go.jp

## 5. 국민연금의 기금운용

### 〈표 5-15〉 금융부문 자산별 평가 금액 추이

(단위: 억원, %)

| 구분 | | '02. 12 | 비중 | '03. 12 | 비중 | '04.12 | 비중 | '05. 12 | 비중 | '06. 11 | 비중 |
|---|---|---|---|---|---|---|---|---|---|---|---|
| 금융부문 | | 620,489 | 100 | 965,770 | 100 | 1,261,851 | 100 | 1,556,151 | 100 | 1,870,508 | 100 |
| 채권 | 전체 | 564,129 | 90.91 | 887,913 | 91,94 | 1,147,555 | 90.94 | 1,417,524 | 91,09 | 1,632,911 | 87.3 |
| | 국내 | 562,433 | | 882,054 | | 1,107,864 | | 1,294,983 | | 1,468,917 | 78.5 |
| | 해외 | 1,696 | | 5,859 | | 39,691 | | 122,541 | | 163,994 | 8.8 |
| 주식 | 전체 | 50,415 | 8.13 | 70,951 | 7.35 | 101,306 | 8.03 | 124,356 | 7.99 | 218,142 | 11.7 |
| | 국내 | 49,515 | | 69,451 | | 98.006 | | 118,056 | | 206,959 | 11.1 |
| | 해외 | 900 | | 1,500 | | 3,300 | | 6,300 | | 11,183 | 0.6 |
| 대체투자 | | 455 | 0.073 | 2,405 | 0.25 | 4,378 | 0.35 | 7,471 | 0.48 | 17,565 | 0.9 |
| 단기자금 | | 5,490 | 0.88 | 4,501 | 0.47 | 3,112 | 0.25 | 6,800 | 0.44 | 1,890 | 0.1 |

자료: 국민연금관리공단 웹 사이트: www.nps4u.go.kr.
　　　보건복지부: www.mohw.go.kr, 보도자료

국민연금은 2006년 11월 현재 금융부문 자산으로 총 187.05조 원을 보유하고 있다. 자산종류별 보유현황을 보면 채권부문에 169.3조, 주식 부문에 21.8조, 대체투자와 단기자금에 1.93조 원을 보유하고 있는 것 으로 나타나고 있다. 2002년 이후 금융부문에서 주식투자 비중은 8.13, 7.35, 8.03, 7.99, 11.7%로 소폭의 하락과 상승을 반복하였으나, 금액상 으로는 꾸준히 증가하여 2002년 5조 원에서 2006년 11월 현재 21.8조 원에 달하고 있다.

2006년 11월 현재 주식투자의 국내-해외비율은 각각 94.9%, 5.1%이 고, 채권투자의 국내-해외비율은 90%와 10%로, 국민연금기금은 주로 국내채권투자에 주력하고 있음을 알 수 있다.

이러한 투자비율은 미국의 CalPERS, 캐나다의 CPP, 일본의 국민연 금과 후생연금의 투자 양상과 많은 차이를 보이고 있다.

우선, 미국의 CalPERS와 캐나다의 CPP, 그리고 일본 국민연금과 후 생연금의 주식투자비율은 각각 63.63%, 82.7%, 그리고 35.11%로 CalPERS와 CPP의 경우 자금의 상당 부분을 주식에 투자하고 있고, 일 본의 경우도 물론 미국이나 캐나다보다는 적은 부분을 투자하고 있지 만, 우리나라의 국민연금에 비하면 35.11%도 상당히 높은 비율임을 알 수 있다.

두 번째, 투자처 측면에서 살펴보자면 미국의 CalPERS, 캐나다의 CPP, 일본의 국민연금과 후생연금의 국내-해외 투자비율은 각각 40.46%-23.17%, 68.6%-28.4%, 21.21%-13.9%로, 국민연금의 95.09-4.9% 에 비해 해외부문에 대한 투자비율이 상대적으로 높음을 알 수 있다.

이상의 각국의 기금운용 고찰 결과 미국의 CalPERS와 캐나다의 CPP, 일본의 국민연금과 후생연금은 채권보다는 주식의 비중을 늘리고 있는 반면 우리나라 국민연금은 채권에만 집중적으로 투자하는 경향을 보이고 있음을 알 수 있다.

## 〈표 5-16〉 국민연금기금 운용수익률

(장부가평잔 시가수익률 기준, 단위: %)

| 구 분 | | 운용수익률 | | | | 연평균 | |
|---|---|---|---|---|---|---|---|
| | | 2006년 1~11월 | | 2005년 | 2004년 | 기간 | 연환산1) |
| | | 기간 | 연환산1) | | | | |
| 공공부문 | | - | - | 4.16 | 4.71 | 4.59 | 4.59 |
| 복지부문 | | 3.32 | 3.63 | 3.60 | 3.90 | 3.65 | 3.73 |
| 금융부문 | | 5.70 | 6.04 | 5.65 | 8.40 | 6.39 | 6.58 |
| 주식 | 전체 | 5.52 | 5.52 | 57.57 | 9.93 | 22.29 | 22.29 |
| | 국내 | 5.11 | 5.11 | 59.07 | 9.81 | 22.55 | 22.55 |
| | 해외 | 15.92 | 15.92 | 10.76 | 16.16 | 14.43 | 14.43 |
| 채권 | 전체 | 5.74 | 6.13 | 0.26 | 8.30 | 4.58 | 4.73 |
| | 국내 | 5.60 | 5.99 | 0.57 | 8.35 | 4.66 | 4.81 |
| | 해외 | 6.99 | 7.37 | -5.05 | 5.99 | 3.37 | 3.55 |
| 기타2) | | 4.49 | 4.63 | 5.81 | 2.93 | 4.48 | 4.56 |
| 기금전체 | | 5.69 | 6.04 | 5.61 | 8.07 | 6.33 | 6.51 |

주: 1) 해당 기간 이자수익은 연환산하고 평가손익 등은 기간 수익만 반영
　　2) 대체투자 및 단기자금. 정기예금은 채권에 포함. 3) 자료: 보건복지부

　그리고 운용수익률 측면에서 국민연금은 2006년 1~11월까지의 수익률이 5.69%를 기록하였는데 12월 말까지의 이자수익을 포함한 연환산 수익률은 6.04%로, 2005년의 5.61%를 상회할 것으로 전망된다.

　국내부문에서 주식은 5.11%로 2005년 말 대비 종합주가지수가 3.83% 증가한 것에 비하면 양호했고, 채권은 시중금리의 하락으로 약 1조 5천억 원의 평가이익이 발생하여 5.60%의 수익률을 나타냈다.

　그러나 해외부문에서는 비록 국내시장이 2006년에 전반적으로 침체되었지만 성적이 양호하였으며 주식의 수익률이 15.92%, 채권이 6.99%로 국내부문의 주식 5.11%와 채권 5.60%보다 각각 높게 나타났다.

<표 5-17> 위탁운용 금액 및 비중 추이

(단위: 억 원, %)

| 구 분 | 2002년 | 2003년 | 2004년 | 2005년 | 2006년 11월 말 |
|---|---|---|---|---|---|
| 국내주식 | 21,203 | 35,170 | 56,743 | 93,954 | 105,443 |
| 국내채권 | - | - | 41,168 | 51,356 | 54,137 |
| 해외주식 | 908 | 1,568 | 3,432 | 6,814 | 11,183 |
| 해외채권 | - | - | - | 3,195 | 10,156 |
| 대체투자 | 467 | 2,404 | 4,376 | 7,470 | 10,781 |
| 계 | 22,578 | 39,142 | 105,719 | 162,789 | 191,700 |
| 금융부문 대비 비중 | 3.5 | 3.9 | 8.1 | 10.0 | 10.2 |

자료: 보건복지부

또한 2001년부터 본격적으로 시작하여 2006년 11월 말 총 19조 1,700억 원이 된 위탁운용 금액의 그 비중 추이를 살펴보면 2002년 금융부문 운용자산의 3.5%였던 것이 2006년 10.2%로 상승하였다.

특히 금융부문에서 2005년의 국내-해외부문 위탁운용 비율과 2006년 11월 말의 국내-해외부문 위탁운용 비율을 비교해 보면 각각 89.2%-6.1%와 83.2%-11.1%로 국내부문의 투자 비중은 줄고 해외부문의 투자 비중이 상대적으로 늘어났음을 알 수 있다.

그리고 국내부문에서 주식-채권의 비율은 2005년 57.7%-35.5%, 2006년 11월 말 55%-28.2%이고, 또한 해외부문에서 주식-채권의 비율은 4.18%-1.96%, 5.83%-5.29%로 국내부문에서는 채권의 비율이 줄고, 해외부문에서는 주식과 채권의 비율이 모두 증가했다.

이상의 국민연금기금의 운용수익과 위탁운용수익의 비교에 있어서 공통적으로 나타난 결과는 해외부문의 주식투자 수익이 늘어나고 있다는 점이다. 아직은 미국의 CalPERS, 캐나다의 CPP, 일본의 국민연금과 후생연금만큼의 비중은 아니나 해외로 눈을 돌림으로써 높은 국내채권자산 비중을 해외채권이나 주식투자 증가를 통해 낮추고 있음을 알 수 있다.

이러한 국민연금기금의 해외투자 증가의 원인[23]은, 우선 국내 자본시장에서 국민연금기금이 점하는 비중이 높아져 시장충격을 주지 않는 중립적 자산운용이 점차 어려워지고 있다는 것이다. 즉 기금을 지속적으로 국내위주로 투자한다면 본격적인 연금지급 시기 도래 시 자산의 현금화 과정에서 국내 금융시장에 큰 충격을 줄 것이기 때문이다. 이와 같은 이유로 자국 자본시장 규모가 작은 싱가포르와 네덜란드의 공적연금의 자산 대부분은 해외에 투자하고 있다.

두 번째, 해외투자 확대는 분산투자효과를 누릴 수 있다는 것이다. 즉 기금규모가 큰 만큼 해외 여러 국가에 분산투자하면 전체적으로 운용위험을 낮출 수 있고, 특히 해외투자 대상국가의 경기사이클이 국내와 달라 상관관계가 낮을수록 해외투자로 인한 분산효과가 커진다는 것이다.

세 번째는 국내에 없는 신규 투자대상을 해외에서 확보할 수 있다는 것이다. 장기채권, 인플레 헷지 기능이 있는 금융상품 등 기금의 특성에 맞는 다양한 구조와 만기를 가진 상품에 대한 투자가 해외에서는 가능하다는 것이다. 또한 국내 시장규모가 미미한 대형 사모펀드나 부동산, 국제상품, 절대수익률추구펀드 등 대체투자시장이 해외에서는 잘 발달되어 있어 다양한 선택이 가능하다는 것이다.

네 번째는, 해외투자는 장기적으로 기금의 실질가치를 보전하고 국민경제를 보완하는 역할을 할 수 있다는 것이다. 즉 향후 인구 고령화 진행으로 경제성장이 둔화되고 실질금리가 하락할 경우 성장동력이 높은 지역에 대한 분산투자로 실질가치 보전에 기여할 수 있고, 또한 석유, 철광석, 곡물 등 국제상품에 대한 투자는 부존자원이 빈약하여 국제원자재가격의 상승에 취약한 국내 경제의 단점을 보완하는 역할을

---

23) 온기선, "국민연금기금의 해외투자확대 필요성과 방향", 『연금포럼』 2006 여름호,

하게 될 것이다.

그러나 위와 같은 해외투자의 당위성에도 불구하고 기금이 해외투자를 확대하는 데는 현실적으로 많은 제약이 있다. 우선, 해외투자의 기대수익률이 국내보다 낮다. 해외 자본시장의 대부분을 차지하는 선진국의 잠재성장률이 우리나라보다 낮아 해외주식과 채권의 기대수익률이 국내보다 낮다. 두 번째는 환헷지 문제다. 대규모 환헷지 시 거래상대방을 구하기 어려우며, 협소한 국내 외환시장규모를 고려하면 기금의 환헷지가 외환시장에 상당한 영향을 줄 수도 있기 때문이다.

그러나 국민연금기금 자산의 증가로 국내금융시장에서의 운용은 점차 한계에 다다르고 있어 해외투자의 확대는 불가피한 것으로 보인다. 해외투자는 기금의 투자대상을 다양화하여 위험을 분산하는 한편 수익률을 제고할 수 있는 기회를 제공한다. 따라서 기금의 운용수익률을 높일 수 있는 기반의 단계적 구축이 필요하다 하겠다.

<표 5-18> 국내주식 직접운용과 위탁운용 성과 비교

(단위: %, %pt)

| 구분 | 연도별 수익률 | | | | | | | | | 연평균 |
|---|---|---|---|---|---|---|---|---|---|---|
| | 2001년 (7월~) | 2002년 | 2003년 | 2004년 | | 2005년 | | 2006년 (~11월) | | |
| | | | | 주식 | 채권 | 주식 | 채권 | 주식 | 채권 | |
| 위탁 (A) | 15.51 | 0.34 | 40.99 | 8.65 | 4.51 | 66.91 | 0.33 | 4.07 | 5.66 | 25.74 |
| 직접 (B) | 18.93 | 1.13 | 34.44 | 10.26 | 4.18 | 57.21 | 0.46 | 5.87 | 5.74 | 24.76 |
| A-B | -3.42 | -0.79 | 6.55 | -1.61 | 0.33 | 9.70 | -0.13 | -1.80 | -0.08 | 0.98 |

자료: 보건복지부

이러한 해외투자 증가 현상은 위탁운용의 증가와 그 방향을 같이하고 있음을 알 수 있다. 즉 위탁운용의 성과를 살펴보자면 국내주식의

경우 2001년 위탁운용 시작 이후 운용수익률이 연평균 25.47%로 직접
운용(24.76%)보다 0.98%pt 높고, 채권의 경우는 2004년 7월 이후 국내
채권의 위탁운용의 수익률은 연평균 4.33%로, 직접운용(4.28%)보다
0.05%pt 높다.

또한 주식투자 시 기금 운용은 위탁-직접운용 비율이 2000년 6.9%-
93.2%로 위탁운용은 미미한 수준이었으나, 2001년 31.9%-69.1%, 2002년
35.8%-64.2%로 매년 그 비율이 계속 상승하여 2006년 9월 현재 50.4%
-49.6%로 그 비율이 절반 수준을 넘어서는 수치를 보이고 있다.

이러한 결과는 위탁운용이 외부 운용사의 전문성을 활용하여 기금운
용의 효율성을 제고할 수 있었기 때문에 가능한 것으로 생각된다. 또
한 이러한 위탁운용이 국민연금의 투자자산 구성의 다양화와 연기금의
활용도를 높이는 데 기여하고, 이로 인한 연금기금 규모 확대에 따른
시장영향력 완화를 위한 투자결정의 분권화가 강화될 것으로 보인다.

<그림 19 > 위탁주식과 직접주식의 비중

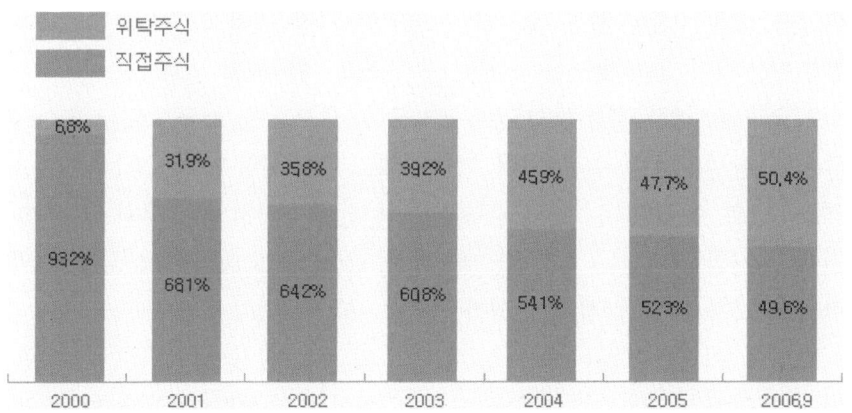

자료: 국민연금관리공단

## 6. 국민연금의 Buyout Fund 투자

### 1) 도입배경 및 기대효과

Buyout Fund는 국민연금과 같은 기관투자가들이 외국 투기자본에 대한 안전판 역할을 수행하고 전략적 기업에 대한 장기투자할 수 있도록 하기 위한 방안으로 제시되었다. 그래서 그 법적 근거의 마련을 위해 2005년 1월 기금관리기본법 개정을 통해 연기금의 주식투자가 허용되었고, 동시에 간투법이 개정되어 실질적으로는 Buyout Fund를 핵심으로 하는 '사모투자전문회사'제도가 도입되었다.

이렇게 도입된 Buyout Fund 제도는 운용주체 및 투자대상 등에 제한 없이 다른 회사의 주식, 지분 등에 투자하여 경영권 참여, 사업구조, 지배구조 개선 등의 방법으로 투자기업의 가치를 높이는 전략적 장기·대형 펀드의 탄생이 예고됨에 따라, 은행 관리기업의 효과적인 매각과 공적자금이 투입된 금융기관의 민영화 등에 Buyout Fund가 활용됨으로써 취약한 국내 M&A 시장 및 기업구조조정 시장을 활성화시켜 우리나라 자본시장의 성장과 발전을 촉진시킬 것으로 기대되고 있다.24)

Buyout Fund는 풍부한 시중유동자금을 생산적인 자금으로 전환하여 투자를 활성화시킬 수 있으며 기업구조조정에 활용될 수 있는 자본을 효율적으로 공급할 수 있고, 투자자들에게 중장기적으로 주식 및 경영권에 투자할 수 있는 기회를 제공하며, 취약한 국내의 자산운용업 발전의 계기가 된다는 점에 의의가 있다고 할 수 있다.

그러나 이러한 Buyout Fund 제도가 위와 같은 긍정적 측면이 있음에도 불구하고, 펀드 운영자의 도덕적 해이를 유발할 우려가 있고, 투자판단능력이 부족한 일반투자자들을 유혹하는 유사 사모펀드가 난립

---

24) 유상현·강희주·김병연, 『국민연금기금 Buyout 투자의 의의와 운용방안』, 국민연금관리공단 국민연금 연구센터, 2005.

하여 그에 따른 부실로 인해 사회문제가 발생할 수도 있다는 우려 또한 제기되고 있다.

그리고 Buyout Fund 제도가 기업사냥꾼들에 의한 머니게임으로 변질될 경우, 기업 및 경제의 장기적 성장에 전혀 도움이 되지 않고 오히려 해악적인 영향을 미칠 수도 있기 때문에, Buyout Fund가 비록 국내자본이라 하더라도 투자이익을 극대화하려는 점에서는 외국계 펀드와 동일한 목적을 가지므로 투자이익의 조기회수를 위하여 외국인 투자자들과 마찬가지로 유상감자 등을 통한 고배당이나 설비투자의 축소를 요구할 경우 '기업의 장기적 성장 동력 확충을 위한 토종자본 육성'이라는 제도도입의 취지는 전혀 살릴 수 없게 된다.

따라서 Buyout Fund의 성공적인 정착을 위해서는 Fund의 과도한 난립과 무분별한 투자 행위에 따른 부작용을 방지하는 감시·감독 체계의 보완이 필요하고, 장기투자를 유도하고 투자금의 국내자본시장에서 계속 머물 수 있도록 세제 등의 유인을 마련해야 한다.

이는 투자자금이 자본시장에서 이탈하는 것보다 계속 재투자되는 것이 유리할 경우에만 장기적 비전에 의해 투자가 가능하기 때문이다. 그 결과 자본시장 내에서 성숙기 산업에서의 이익회수 및 혁신산업으로의 투자자금 이동이 이루어질 경우 '시장자율적인 산업구조조정 메커니즘'의 정착을 기대할 수 있을 것이다.

## 2) 해외 연기금의 Buyout Fund 투자규모

해외 연기금의 경우 최근 일반적으로 PEF 내지 Buyout Fund에 대한 투자 비중을 확대하려는 추세이며 종전에 PEF에 대한 투자가 없었던 연기금들도 약 1% 이상의 자산배분을 계획하고 있는 것으로 알려지고 있다. 반면 종전에 PEF에 공격적으로 투자하였던 해외 연기금들은 투자 비중을 다소 축소하는 추세이다.

전반적으로 볼 때 해외 연기금의 전체 운용자산 규모 대비 PEF 일반에 대한 투자비중은 5% 내외로 추정된다.[25]

### 〈표 5-19〉 미국 주요 연기금의 PEF 투자 현황(2002~2003)

(단위: 십억 불)

| 기금명 | 유형 | 투자정책 | 기금규모 | 2002 자산배분 | 2003 자산배분 |
|--------|------|----------|----------|---------------|---------------|
| CalPERS | 공적연금 | Increase | 136 | 6% | 7% |
| CalSTRS | 공적연금 | Increase | 108 | 5% | 8% |
| Florida주 | 공적연금 | Increase | 106 | 3% | 4% |
| Wisconsin주 | 공적연금 | Increase | 46 | 3% | 6% |
| Maryland주 | 공적연금 | Increase | 25 | 0% | 1% |

자료: Tuck School of Bussiness at Dartmouth, "Note on Private Equity Asset Allocatiion", August 2003.

ATP는 1964년 설립된 덴마크의 노후연금으로서 3백만 명의 가입자와 50만 명의 수급자로 구성되어 있다. 운용자산 규모는 2003년 기준으로 50조 원 규모에 달한다. 2000년까지 ATP는 채권과 주식에 주로 투자해 왔는데, 동 년도에 7.6%이던 기금수익률이 2001년에는 -2.6%로 하락하는 결과가 나왔다. 이는 ATP가 보유한 채권과 주식 간의 상관관계가 높아 분산투자의 효과가 작은 데 기인한 것으로서, 이 사태를 계기로 ATP는 장기적인 관점에서 투자계획을 재검토하게 되었다. 이에 따라 ATP는 대체투자자산이 전통적인 자산군과 상관관계가 작아 분산투자효과가 크고 세계적으로 빠르게 성장하고 있는 시장이라는 것에 주목하여 채권투자 비중을 감소시키고 대체투자 비중을 확대시켰다.

2003년을 기준으로 1.3%이던 ATP의 PEF 투자비중은 2004년에는 3%로 증가하였고, 장기적으로는 10%로 증가시킬 것을 계획하고 있다. 반면 2003년 기준으로 80.8%에 달하는 채권투자비중은 장기적으로

---

25) 오규택, "국민연금기금의 사모펀드 투자방안", 『국민연금 기금운용 마스터플랜 연구보고서 자료집』, 제2권, 2004. 12, p. 844.

45% 대로 감소할 전망이다.

<표 5-20> ATP의 현행 및 목표 포트폴리오

(단위: %)

| 구 분 | 2003년 말 자산배분 | 2004년 말 자산배분 | 장기자산배분 추정목표 |
|---|---|---|---|
| 채권 | 80.8 | 72.0 | 45.0 |
| 상장주식 | 13.9 | 20.0 | 40.0 |
| 기타 자산군 | 5.3 | 8.0 | 15.0 |
| PEF | 1.3 | 3.0 | 10.0 |
| 합계 | 100 | 100 | 100 |

자료: ATP

ATP의 2003년도 PEF 투자수익률은 -7.7%로 극히 저조하다. 그러나 PEF 투자의 수익률이 이른바 'J-Curve 효과'에 의해 투자 초기년도에는 낮은 수익률을 보이다가 투자기간이 성숙될수록 누적투자 수익률이 높아지는 일반적인 특성을 가진다는 것을 감안하여 향후에도 PEF에 대한 투자 비중을 증가시킬 계획인 것으로 알려졌다.

## 3) 국민연금의 Buyout Fund 투자

국민연금기금의 Buyout Fund 투자의 원칙적인 근거는 『국민연금기금운용규정』, 제7조(자산의 구분) ②항 5호 및 제 51조(대체투자의 범위)이다. 즉 이 조항들에 의하면 Buyout Fund에 대한 투자는 대체투자 자산군 중 '기타 대체투자'로서 기업구조조정투자 및 벤처투자와 함께 열거된 '사모투자'에 속한다. 또한 동 규정 제51조 ③항에 의하면 '사모투자'란 사모투자펀드 및 절대수익추구펀드를 포함하는 것으로 정의되어 있다. 따라서 Buyout Fund는 국민연금기금운용규정상 사모펀드로 분류되어 그 운용의 근거를 갖는다.

국민연금기금은 2002년 벤처투자조합에 대한 간접투자를 시발로 PEF에 대한 투자를 시행해 왔다. 2005년 9월 말 기준으로 국민연금기금의 투자 금액은 벤처투자 2,920억 원, CRC 1,706억 원에 달한다.

한편 간투법과 동 시행령의 개정을 통해 사모투자전문회사 제도가 도입되어 기업지배목적의 Buyout 투자기회가 확대됨에 따라, 국민연금기금은 『2005년 연간자금운용계획(안)』에서 Buyout Fund에 대한 투자를 포함하는 '기타 사모투자'에 신규약정 금액으로 5,000억 원, 투자집행금액으로 3,500억 원을 배정하였다. 이에 의거하여 2개의 Buyout Fund에 대해 총 3,500억 원을 약정하였으며 실제 투자금액은 2005년 9월 말 기준으로 150억원이다.

국민연금기금은 Buyout Fund 투자의 필요성과 타당성으로 기금의 투자대상 다변화 및 이를 통한 안정적 수익성 확보, 장기의 고수익 투자자산 확보 기회 발굴, 전통적인 투자자산과 결합된 포트폴리오 분산투자효과 등을 제시하였다. 운용의 기본방향으로는 위탁운용사를 소수 정예화하여 투자금액을 집중 배분함으로써 국민연금의 수익성과 국내 사모투자의 중장기적 발전을 동시에 추구하고, 투자대상을 국내 중소규모 이상의 기업으로 집중하고 기업 포트폴리오도 적은 수로 유지함으로써 국내의 여타 CRC나 Buyout Fund와의 경쟁을 피하고 안정적인 고수익을 추구하는 것으로 정하였다.

또한 운용방식에 있어서 일괄심사에 의해 운용능력이 검증된 우수운용사(GP) 선정을 원칙으로 하되 양호한 프로젝트는 건별 심사방식에 의해 별도로 위탁운용사를 선정하여 병행적으로 운용하고, 건별 투자의 경우 국내외 기관투자자와 공동투자를 위주로 운용할 방침을 세운 바 있다.

〈표 5-21〉 2005년 국민연금기금 PEF 투자계획

(단위: 억 원, %)

| 구 분 | 약 정 | | | | 투 자 | | | |
|---|---|---|---|---|---|---|---|---|
| | 기약정 금액 | 신규 약정액 | 합계 | 비중 | 기약정 투자액 | 신규 투자액 | 합계 | 비중 |
| 벤처투자 | 2,655 | 1,500 | 4,155 | 33.9 | 245 | 755 | 1,000 | 18.2 |
| CRC | 2,116 | 1,000 | 3,116 | 25.4 | 850 | 150 | 1,000 | 18.2 |
| 기타사모 | - | 5,000 | 5,000 | 40.7 | - | 3,500 | 3,500 | 63.6 |
| 합 계 | 4,771 | 7,500 | 12,771 | 100.0 | 1,095 | 4,405 | 5,500 | 100.0 |

자료: 국민연금관리공단 기금운용본부(www.nps4u.go.kr)자료: ATP

이러한 기본방침에 입각하여 국민연금은 2005년 6월 굿모닝 신한증권에 대한 Buyout 투자를 성사시킨 바 있는 H&Q AP와 신한 PEF를 위탁운용사로 선정하여 각각 2,000억 원과 1,500억 원의 투자 약정을 체결하였다. 향후 국민연금기금은 Buyout Fund에 대한 투자금액을 지속적으로 증가시킬 계획이다.

# 제 5 절 사모펀드관련 논의

금융회사와 은행의 PEF 활용에 대해서는 적절한 규제가 필요하다.(김형태, 2004, 한국증권연구원) 미국의 경우 Gramm-Leach-Bliley Act(GLBA)에 의하여 금융지주회사는 증권사를 통하거나 PEF 설립을 통해 투자은행업무(merchant banking investment)를 수행할 수 있다. GLBA에 의해 은행지주회사(BHC)는 몇 가지 조건 충족을 전제로 금융지주회사(FHC)가 될 수 있고 금융지주회사는 '본질적으로 금융업의 성격을 갖는 업무(activities that are financial in nature)'를 모두 수행하는 것이 가능하다. 본질적으로

금융업의 성격을 갖는 업무에 기업의 주식 자산 소유지분을 획득하거나 지배하는 업무, 즉 merchant banking investment가 포함된다. 즉 금융지주회사는 merchant banking investment를 직접 수행할 수도 있고 PEF를 통해 수행할 수도 있다.

PEF 투자를 장기투자자의 기반육성 측면에서 살펴볼 필요가 있다. 미국 기업인수사모펀드의 주요투자자를 보면 연금 30%, 기금 및 재단 10%, 일반기업 14%, 은행 및 보험 13%, 외국투자자 9% 등이다. 한국의 경우 국민연금 등 연기금의 PEF 투자에 대해 제약이 존재한다. 연기금의 경우 매년 자금운용계획안에 대해 국회의 동의를 받아야 한다. 연기금 입장에서는 PEF를 개별자산 차원이 아닌 전체 포트폴리오 차원에서 평가할 필요가 있다. 외국의 경우 사모펀드 금융기관 지배문제는 주주 적격성 판정으로 해결하고 있다. 그러나 우리나라의 경우 감독기관에 대한 신뢰성 문제가 남아 있고 이미 외국계 사모펀드에 의한 금융기관 지배가 이루어지고 있는 만큼 추가적으로 사모펀드에 의한 은행 지배는 바람직하다고 볼 수 없다.


# 제 6 절 금융규제에 관한 논의


## 1. 금융규제 현황 및 문제점

금융규제 부과의 일반적 원인은 금융산업 내의 시장실패라고 할 수 있다. 즉 금융시장의 외부효과, 시장의 불완전성을 정부규제를 통해 규모의 경제효과를 제고시킬 수 있으며, 감시·감독의 효과도 높일 수 있고, 시장신뢰가 제고될 수 있고, 시장의 붕괴를 가져올 수 있는 금융기관의 행위가 금융기관의 입장에서는 경제적으로 합리성을 갖춘 행위일 수 있기 때문에 정부규제로써 이러한 문제를 해결할 수 있고, 도덕적 해이로 인해 발생하는 문제점을 해소할 수 있다는 것이다.

〈표 5-22〉 금융규제 현황(1998.8~2006.7)

(단위: 개)

| 소관부처 | 최초 (1998/08/01 부터) 등록 규제수 | 규제수 변경 | | | | | 증감 소계 | 현재 등록 규제수 |
|---|---|---|---|---|---|---|---|---|
| | | 증가 | | | 감소 | | | |
| | | 신설 | 누락 등록 | 기타 | 폐지 | 기타 | | |
| 총계 | 10717건 | 2423건 | 888건 | 1124건 | 5154건 | 1965건 | -2684건 | 8033건 |
| 금융감독 위원회 | 548건 | 202건 | 128건 | 82건 | 304건 | 107건 | 1건 | 549건 |
| 재정 경제부 | 500건 | 183건 | 66건 | 117건 | 256건 | 188건 | -78건 | 422건 |

자료: 국무총리실(www.opm.go.kr)

우리나라의 금융규제는 양적 측면에서는 1998년 8월 이후부터 2006년 7월 현재까지 금융감독위원회 소관규제는 1건이 증가했고, 재경부 소관규제는 78건이 감소했다.

현행 우리나라 금융규제의 문제점은 규제형태 면에서는 금융기관의 자율성을 저해할 수 있는 사전적 규제의 비중이 높으며 공권력에 의한 지시명령적 규제의 성격이 강하고 업무영역규제에 있어서 포지티브 성격이 강하다는 것이다.

이러한 규제는 구조규제, 건전성규제, 소비자보호규제, 통화정책상의 규제, 자금배분 규제, 네트워크 규제 등 다양한 목적과 형태로 시행되고 있다. 이 중 자금배분, 진입, 금리, 상품개발, 업무영역 등과 관련된 구조규제는 금융시장의 효율성에 직접적으로 영향을 미치는 것으로서, 진입규제와 업무영역규제, 가격규제를 들 수 있다. 구조규제는 외환위기 이후 상당부분 완화되거나 폐지되었다. 다만 상품개발규제는 사전에 감독당국과 협의를 요하는 비명시적 규제로 남아 있거나 상품약관심사의 형태로 행해지고 있는데, 신상품에 대한 상품약관심사에 대해서는 실질적인 규제라는 지적과 함께 특히 외국 금융회사로부터 비판의 목소리가 높다. 업무영역규제는 금융권 간 이해가 첨예하게 대립하는 분야로서 증권, 보험사 등 비은행금융회사의 불만이 가장 많은 부문이다. 그리고 진입규제는 업무영역규제와 더불어 규제완화 속도가 느린 편이자 내외국인 간 차별적 요소가 남아 있는 부문이기도 하다.

한편 건전성규제나 소비자보호규제는 금융금시장의 안정성과 공정성을 확보하기 위한 것으로 외환위기 이후 오히려 강화되었다. 몇몇 금융회사의 부실이 외부불경제 내지 전염효과를 통해 금융시스템 및 실물경제 전반에 악영향을 끼치지 않도록 하기 위해서는 건전성규제와 같은 안정성 확보수단이 필요했다. 이러한 건전성 규제에는 자산운용규제, 적정자기자본유지규제, 적기시정조치 등이 있다.

또한 소수의 경제주체가 정보나 권력을 오·남용하여 일반 소비자, 투자자 등 이해관계자에게 손실을 끼치지 않도록 하기 위해 소비자보호규제와 같은 공정성 확보수단이 필요했는데, 이러한 규제에는 공시제도, 예금보호제도, 등이 있다.[26]

〈표 5-23〉 규제수단과 목적

| 규제수단 | 시스템위험 | 고객보호 | 효율성강화 | 사회적목적 |
|---|---|---|---|---|
| 독점금지/경쟁정책 | | O | O | O |
| 공시기준 | O | O | O | |
| 영업준칙 | | O | O | |
| 이해상충규칙 | | O | O | |
| 자본적정성기준 | O | O | | |
| 진입적정성기준 | O | O | O | |
| 유동성 필요조건 | O | O | | |
| 보고요건 | | | | O |

26) 김동환, "시장과 정부: 금융규제의 바람직한 방향", 「금주의 논단」 15권 31호, 2006. 7.

| 규제수단 | 시스템위험 | 고객보호 | 효율성강화 | 사회적목적 |
|---|---|---|---|---|
| 서비스 제약 | O | | | O |
| 자산운용 제약 | O | | | O |
| 예금 보험 | O | O | | |
| 지불준비금 요건 | O | O | | |
| 고객적합성 요건 | | O | | |
| 이자율 상한 | | | | |
| 예금 | O | | | O |
| 대출 | | O | | |
| 투자요건 | | | | O |
| 지리적 제약 | | | | O |

출처: 이재연, 『금융규제의 운영실태분석과 개선방안』, 2004, p. 14에서 재인용.

통화정책상 규제는 신용통제 등을 통해 신용이 과다하게 공급되는 것을 방지함으로써 물가를 안정시키는 것을 목적으로 하고, 자금배분규제는 시장에 의존할 경우 시설투자 및 중소기업 등 경제에 꼭 필요한 부문에 자금이 배분되지 않거나 또는 불필요한 부분으로의 자금배분을 시정하기 위해 사용한다.

네트워크 규제는 주식 및 트레이딩네트워크, 지급결제청산네트워크 및 정보네트워크가 효율적으로 작동될 수 있도록 제반 하부구조를 구축하는 데 필요한 규제이다.

그러나 이와 같은 목적으로 제정한 금융규제도 다음과 같은 문제점을 내포하고 있다.

첫째, 경제규모의 확대로 금융시장이 복잡·다기화됨에 따라 정부의 과도한 간섭은 시장왜곡을 초래하였으며, 이에 따라 국내금융시장의 경쟁력저하 문제가 발생하였다. 즉 시장이 복잡·다기화됨에 따라 정부가 시장을 정확하게 파악하기도 어려울 뿐만 아니라 고도의 생산기술을 사용하고 있는 기업의 경영결정을 이해하기도 어려운 상황에서 정부의 규제와 간섭은 피상적이 됨에 따라서 정책실패를 초래할 위험이 커졌다. 그리고 금리규제, 소유제한규제 등을 포함한 각종 금융규제는 진입

규제로 작용함으로써 영업 중인 금융기관들이 수익성 강화 등 내실위주의 경영보다는 시장지배력 확대 등 외형성장을 일차적 목표로 추구하였다. 정경유착의 고리가 형성되는 과정에서 금융기관 이용자의 편익증진을 위한 노력이 경시되었고, 금리규제, 진입규제 등 금융규제로 인해 사금융이 번성함에 따라 금융시장의 효율성이 저하되었다.

두 번째, 경쟁력 저하로 인한 금융시장의 낙후는 타 산업에 대한 자금중개 기능을 약화시킴으로써 경제발전을 저해할 우려가 있다. 즉 금융산업은 그 산업의 본질인 자금중개의 특성상 타 산업에 미치는 외부효과, 즉 파급영향이 가장 큰 산업인데, 금융산업이 본연의 기능인 자금중개기능을 적절히 수행하지 못할 경우 기업의 자금조달 애로, 자금조달가격의 상승, 자금조달구조의 왜곡, 자금의 특정부문 도는 특정기업에로의 과도한 편중 현상 등이 발생하게 된다.

금융산업의 이러한 장애는 경제의 전반적인 국제경쟁력을 저하시킬 뿐만 아니라, 산업발전도 저해하고 또 불균형화시킴으로써 국가경제의 장기적인 성장잠재력을 위축시키는 결과를 초래했다.

세 번째, 개발도상국의 경우에도 금융시장의 국제화 및 성숙화가 진행됨에 따라 정부개입에 의한 과도한 인위적 자원배분은 자원의 효율적 사용이라는 순기능보다는 기업의 자율성 침해와 금융시장 발전을 저해하는 역기능을 초래한다. 즉 과거 개발시기에 정부는 금융부문을 수익을 추구하는 하나의 독립된 산업으로 취급하기보다는 실물부문을 지원하는 성장정책 수단으로 이용하였다. 실물경제지원이라는 정책패러다임은 경제규모가 확대되고 구조가 고도화됨에 따라 지원대상 선정에서의 비형평성, 지원체계 및 방식에서의 비효율성 등으로 그 실효성이 약화되기 시작하였다.

그리고 정부의 과도한 금융시장개입은 금융산업 내 안이하고 소극적인 의사결정방식을 고착시키고 금융기관의 책임경영풍토 정착을 지연시킴으로써 금융산업의 장기적 발전에 필요한 민간부문의 창의성과 자율성 진작을 저해하였다. 또한 60년대 말부터 70년대에 걸쳐 이루어진

정부의 중화학공업 육성 정책 및 금융기관을 통한 자금의 집중배분은 과잉설비 및 중복투자 문제를 초래하였다.

네 번째, 개방화와 금융시장의 글로벌화가 진행됨에 따라 업무수행과 금융기관 감독 측면에서 글로벌스탠다드가 적용, 국제적으로 동질화되고 있어 우리나라도 예외일 수 없다. 즉 전 세계적으로 금융산업에 대한 규제가 완화됨에 따라 예금금리, 수수료, 금융기관 업무영역, 신종금융상품, 거래기법 등에 대한 규제가 급속히 완화 내지 폐지되고 있다. 이와 같이 경쟁제한적 규제는 폐지되는 반면 건전성 규제는 보다 강화되고 있으며 규제비용 절감과 규제의 신축성 확보를 위한 자율규제도 활용되고 있다.

다섯 번째, 이와 같이 금융환경 및 기법의 발달로 규제비용이 규제수익을 앞지르는 상황이 발생함에 따라 규제의 기능 및 목적에 따라 금융규제의 틀을 시대적 조류에 맞게 재정비할 필요가 있다는 것이다.

## 2. 규제완화

### 1) Positive system과 Negative system

현재 우리나라의 규제체계는 규제 원칙 면에서 원칙금지-예외허용 방식의 Positive system 성격이 강하다. 이러한 시스템에서는 정부당국이 명시적으로 허용하지 않는 모든 행위는 금지대상이 되기 때문에 정부의 규제효과는 큰 반면 금융기관의 자율성이 최대로 제약되고 창의성이 위축되는 문제점이 있으므로, Positive system에서 Negative system으로의 전환이 요구되고 있다고 할 수 있다.

현 금융권별 업무영역은 그 영업인가 기준에 따라 허용되는 업무의 범위가 규정되어 있는 Positive system으로 구성되어 있다.

Positive system은 금융기관 및 금융기관 이용자 보호를 위한 가장 소극적 방법이며 가능한 업무만 열거적으로 규정하기 때문에 규제의 범위가 Negative system에 비해 훨씬 광범위하다. 즉 개별업의 겸업금지업무(고유업무), 부수업무, 겸업금지업무를 제한적으로 열거하고 있으며 열거되어 있지 않은 업무에 대해서는 취급이 불가능한 것으로 인식되고 있다. 업무영역 규제가 Negative system으로 전환될 경우 겸업금지업무만을 법령에 명시하고 금지되지 않은 업무는 별도의 인허가 없이 자유롭게 겸영할 수 있게 하여 금융기관의 상품개발을 촉진하는 등 자율성을 확대할 수 있게 되고, 취급금융기관에 대해 새로운 금융상품을 허용하기 위한 법 개정의 필요성도 낮아질 것이다.[27]

따라서 Positive system에서 Negative system으로의 전환은 곧 규제완화의 의미를 지니게 된다.

Negative system은 겸업금지업무(은행, 증권, 보험의 고유업무)만을 법령에 명시하고 금지되지 않은 업무는 별도의 인허가 없이 자유롭게 겸영하는 체제이다.

따라서 Positive system은 업무영역을 규제하여 허가권 등에 의한 규제차익을 발생시키는 문제점이 있다. Positive system에 의한 업무영역 제한은 금융혁신이 급격하게 이루어지는 상황에서 새로운 업무 및 신상품 개발의욕을 저하시켜 금융시장의 동태적 발전을 저해할 우려가 있다.

또한 Positive system하에서 허용업무로 리스트에 올라 있지 않은 상품의 개발을 위해서는 복잡한 약관심사절차를 거쳐야 하기 때문에 신상품 시판일자 지연 등으로 인한 상품개발의욕이 저하될 우려가 있다.

따라서 겸업화의 영향을 파악하여 장기적으로 은행, 증권, 보험의 고유업무에 대해서도 Negative system을 적용할 수 있을 것이다.

Negative system을 보다 실효성 있게 유지·관리하기 위해서는

---

27) 이재연, 『금융규제의 운영실태분석과 개선방안-은행산업을 중심으로』, 한국금융연구원, 2004. 12.

현재 각 금융별로 제정된 법과 금융감독업무도 기능별로 통합하는 방안을 강구할 필요가 있다.

## 2) 사전 · 사후 규제

최근 들어 규제에 대해 기업 활성화와 자율화를 위해 사전규제는 많이 완화하되 사후 책임은 강화하는 쪽으로 입법되어야 한다는 의견이 많이 제시되고 있다.(프레시안, 2006. 6. 29) 그리고 추가적인 경제성장을 위해 선진국형 기업 규제체제를 갖춰야 하고, 이를 위해 사전규제의 상당수를 사후규제로 바꾸는 등 규제의 질적 개선이 필요하다는 의견도 제시되었다.

사전규제는 기업활동 영역에 제약을 가하는 형태의 규제를 의미한다. 진입규제나 현재 공정거래법상 문제가 되고 있는 출자총액제한제도 등이 이러한 사전규제에 속한다. 이것은 경제적 규제, 건전성 규제, 정보규제, 금융분쟁조정, 금융기관 검사 및 제재 등으로 구성되는데, 일반적으로 금융기관은 다른 기업에 적용되는 일반적인 공공 규제와는 달리 외부성, 공공성을 지니고 있기 때문에 갖게 되는 규제이다. 따라서 이에 대한 규제 수단이나 계량 모형을 통해 부정적인 외부성 및 공공성이 발현되지 않아야 한다.

이러한 사전규제는 구체적으로 인가권과 규제권을 들 수 있는데 인가권은 금융기관의 신설, 합병 폐쇄 인가, 점포의 신설, 자본금 및 정관변경 인가, 은행의 업무영역 취급 인가, 금지사항에 대한 예외승인 등에 대한 권한으로 구성되며, 이때 감독기관은 금융기관에 대한 법적조치, 최소납입자본금, 경영능력 등에 대한 기준을 정해 놓고 일정요건을 충족하지 못한 금융기관의 설립을 억제하고 있다.

규제권은 금융제도의 안정성 유지와 통화신용정책을 관장할 수 있는 권한으로서, 자기자본 규제, 유동성 규제, 여신관리 및 규제, 자기거래

규제 등과 같이 금융기관의 지급능력과 유동성을 확보해 주는 규제들로 구성된다. 정보규제와 금융분쟁조정도 규제권에 속한다.[28]

사후규제는 사전적으로 행동에 제약을 가하기보다는 사후적으로 행태의 불법성을 판정하여 제재를 가하는 것을 의미한다. 즉 금융기관이 도산한 경우 예금자를 보호하고 금융시장 안정을 유지하고자 하는 보호적 규제로서 이는 금융기관에 대한 제재와 예금자 보호 등의 사후적 조치를 통해 금융시장의 안정을 꾀하며 금융안전망으로서의 금융시장을 유지하고자 하는 규제이다.

사후규제는 구체적으로 검사권과 제재권을 들 수 있는데 검사권은 각종 규정 및 기준의 이행을 점검하고 개별금융기관의 건전성을 평가하는 권한으로서 검사방식을 기준으로 직접적 임점검사 및 간접적 서류검사로 구분된다.

제재권은 검사 결과 금융기관이 위법 또는 불건전 영업행위를 영위하는 등 문제점이 밝혀지는 경우, 은행설립인가 취소, 영업정지, 다른 은행과의 합병, 임직원 해임이나 문책요구 등 제재조치를 취하는 권한이다.

사전규제보다는 사후규제가 효율성 측면에서 우월하다. 그 이유는 사전적 규제는 규제의 목적에 관련 없이 모든 행위를 일괄적으로 제한하기 때문에 기업의 창의력을 제한하는 단점이 있다. 특히 규제의 수단과 목적 사이의 인과관계가 명확하지 않을 경우 비효율성은 더 커진다. 반면 사후규제는 규제의 목적을 기준으로 불법성을 판정하기 때문에 규제의 목적과 관련 없는 행위에 대해서는 제한을 가하지 않는다.

그러한 의미에서 사후규제는 일관성을 유지하는 것이 매우 중요하다. 만약 사후적 규제에 대해 사전에 그 결과를 예측할 수 없다면 기업의 행위에 오히려 과다한 제한을 가하는 결과도 초래할 수 있기 때문이다.

---

28) 정운찬, 『중앙은행론』, 학현사, 1995, pp. 66~258.

## 〈표 5-24〉 금융규제 체계

| 규제감독의 성격 | 규제감독의 목적 | 규제감독의 종류 | 규제감독의 내용 | 감독 권한 |
|---|---|---|---|---|
| 예방적 규제 | 경제적 규제 | 진입규제 | · 금융기관 설립 인가<br>· 금융기관 점포 설치 및 폐쇄 인가<br>· 금융기관 합병 및 해산인가 | 사전적 감독권 (인가권) |
| | | 업무영역 규제 | · 비은행업무 겸영 인가<br>· 부수업무 판정(증권업무, 팩토링업무 등)<br>· 은행의 다른 회사에 대한 출자 제한 | |
| | | 여신규제 | · 신용한도제, 우대금융<br>· 지시금융, 이자율 규제 | 사전적 감독권 (규제권) |
| | | 지급준비 규제 | · 지급준비제도 | |
| | | 기타 규제 | · 외국환 관리 규제<br>· 금융거래 세제 | |
| | 건전성 규제 | 자기자본규제 | · 최저자본금규제, 자기자본비율 규제<br>· 내부유보비율규제 | |
| | | 유동성 규제 | · 자산 및 부채의 기간 대응<br>· 주식 및 장기 유가증권 등의 투자제한과 업무용 부동산 소유 제한<br>· 비업무용 부동산 소유 금지 등 | |
| | | 여신관리 규제 | · 동일차주 여신 규제<br>· 계열기업군 여신 관리<br>· 부실채권 발생 예방 및 정리 지도 | |
| | | 건전성 분류 대손충당금 규제 | · 자산건전성 분류 규제<br>· 최저 대손충당금 적립 규제 | |
| | | 예금보험 제도 | · 예금보험제도 | |

| 규제감독의 성격 | 규제감독의 목적 | 규제감독의 종류 | 규제감독의 내용 | 감독 권한 |
|---|---|---|---|---|
| 예방적 규제 | 건전성 규제 | 자기거래 및 이해상충 규제 | · 금융기관 내부자 대출 제한<br>· 자사 주식매입용 대출 금지<br>· 내부자의 타 금융기관 겸직 금지<br>· 내부자의 타 영리법인 종사 금지 | 사전적 감독권 (규제권) |
| | 정보규제 | 정보공시 제도 | · 재무제표 공표 의무화<br>· 특정 금융상품 또는 서비스 관련 정보의 제공 의무화 | |
| | 금융분쟁 조정 | 불공정행위 규제 | · 민원업무 처리<br>· 금융기관-고객 간 금융분쟁의 조정 | |
| | 금융기관 검사 | 서류검사 | · 법정 보고서, 필요자료 징구, 청구, 분석 | 사후적 감독권 (검사권) |
| | | 임점검사 | · 정기업태검사 및 특별감사 | |
| | 금융기관제재 | 시정조치 | · 검사결과 비위사실에 대한 조치권<br>· 임직원의 문책처분 요구<br>· 임원의 업무 집행 정지 및 해임 권고 | 사후적 감독권 (제재권) |
| 보호적 규제 | 금융기관 제재 | 시정조치 | · 금융기관 설립인가 취소 및 영업정지<br>· 도산금융기관 구제(합병, 영업양도, 주식취득 등) | |
| | 예금자보호 | 예금보험 제도 | · 예금보험금 지급 | |
| | 금융제도 안정성 보호 | 최종대부자 기능 | · 재할인 정책, 공개시장조작<br>· 공시 | |

자료: 김홍범, 「현행 금융감독제도 평가 및 효율적 개선 방안」, p.26 재인용, 2002, 현대경제연구원.

규제는 다음의 조건들에 근거하여 사전규제와 사후규제로 나눌 수 있다.

① 행위로 인해 사회에 미치는 피해의 크기 ② 규제의 집행에 소요되는 비용의 크기, ③ 궁극적인 불법행위 또는 피해를 유발할 가능성,

④ 피해발생의 분산도, ⑤ 자신 행위의 위험성에 대한 인식부족 등이다. 이러한 조건들에 근거하여 김일중(1994b)은 다음과 같은 견해를 제시하고 있다.

위 변수들 중 규제방식을 결정하는 가장 중요한 것은 불법행위로 인한 피해의 규모이다. 즉 사전규제에 소요되는 비용이 높거나, 궁극적인 피해를 유발할 개연성이 작거나, 행위의 위험성에 대한 무지가 없다 하더라도, 일단 발생하면 돌이킬 수 없는 막대한 피해가 초래되는 불법행위에 대해서는 예방위주의 사전규제가 우선되어야 하고, 반대로 모든 조건이 사전규제에 적합하더라도 피해의 크기가 미미하면 사후규제를 채택해야 한다는 것이다.

한편 피해의 크기가 어느 정도 되더라도 나머지 조건들로 볼 때 특히 사전규제 비용이 매우 높다면 사후규제가 우월한 경우이므로 그쪽으로 전환해야 한다는 것이다.

물론 사후적으로 은행을 비롯한 금융기관에 의해 초래되는 금융사고를 최소화할 수 있도록 여러 가지 분석도구를 활용하여 금융기관의 위험을 계량화하거나 그에 적절한 규제수단도 마련해야 할 것이다.

그러나 금융위기가 다른 기업이나 가계 및 국가 경제에 미치는 영향을 고려해 본다면 사전 규제의 필요성이 더욱 강조된다고 할 수 있다.

(1) 사전적 규제의 개선방안

금융여건 변화에 따른 예금보험공사의 설립 등 금융기관의 퇴출을 용이하게 하는 법률의 제정 등은 은행의 퇴출여건이 마련된 것을 계기로 은행산업에 대한 규제는 점진적으로 완화되어 자유롭게 되어야 할 것이며, 진입 기준 및 가격심사는 그 명료성과 공평성이 더욱 제고되어야 한다.

사전적 규제의 완화는 화폐금융정책과 금융감독 자체의 양 측면에서의 효율성 제고 방안이 필요하다 할 것이다. 이를 위해 재경부와 금융감독위원회, 한국은행 간의 관계 재정립이 필요하다.

한편 일반 금융기관에 대한 실질적인 사전적 감독체계는 한국은행의 거시적 화폐금융정책을 보완하는 측면에서 검토되어야 하며 특히 전체 금융산업에서의 은행업의 비중감소와 금융겸업화 등에 따른 화폐금융 정책의 유효성 감소에 대한 보완대책을 마련하여 실시되어야 한다. 이는 모든 금융기관에 대한 사전적 감독의 효율성 제고가 일반금융기관에 대한 사전적 감독을 실질적으로 완화시키고 일반금융기관의 자율성을 강화시키는 방향으로 이루어져야 한다는 것을 의미한다.

경영부실과 과다한 부실채권발생 등의 문제점이 드러나고 이는 금융기관에 대한 건전경영 규제와 감독 및 검사 체제를 우선적으로 개선할 필요가 있다. 미국과 일본에서도 부실채권의 누적 등 문제점이 드러난 저축대부조합과 비은행기관에 대한 감독을 위해 자산부채종합관리체제의 구축을 개선시키기 위한 조치를 취한 바 있다.

### (2) 사후규제의 개선방안

사전적 규제를 완화하고 사후적 감독기능의 효율성을 제고하기 위해서는 다음의 보완조치가 필요할 것으로 보인다.

첫 번째, 금융기관에 대한 조기경보시스템 및 적기시정조치의 적절한 도입을 통해 금융기관의 부실화를 사전에 예방한다.

두 번째, 금융부실에 대한 책임추궁을 강화함으로써 감독기강을 확립한다.

세 번째, 금융감독기관의 전문성을 제고함으로써 시장 친화적이며 금융시스템의 안정성을 높일 수 있는 감독체계를 구축해야 한다.

### (3) 규제완화의 지연이유

이상과 같은 규제완화 방안에도 불구하고 규제완화는 지연될 수 있는데 그 이유는 다음과 같다.

첫 번째, 효율성과 안정성이 상충될 가능성이 있다. 효율성이 제고된다고 하는 것은 소비자의 편의나 복리후생이 증진됨을 의미하기도 한다. 이와 관련하여 최근 비은행금융회사는 소비자 편의를 증진시킨다는 명목으로 지급 결제업무를 영위할 수 있도록 규제를 풀어달라고 요구하고 있다. 하지만 정부와 중앙은행은 지급결제시스템 참가기관의 확대가 금융시장의 안정성 내지 안전성에 부정적 영향을 미칠 수 있음을 염려하여 이와 같은 요구를 쉽게 들어줄 수 없다.

두 번째, 효율성과 공정성이 상충될 가능성이 있다. 은행, 증권사, 보험사의 고객은 자신이 허용하는 금융회사에 자금을 위탁하는 목적이 서로 다르다. 금융산업을 권역별로 나누어 업무영역을 규제하는 주요한 이유도 이들 금융회사로 하여금 각기 다른 수탁의무나 신의성실 원칙에 따라 고객의 자금을 운용하도록 하는 데 있다. 하지만 효율성을 제고하기 위해서 업무영역 규제를 대폭 완화할 경우에는 비록 겸업화의 이점을 살릴 수 있다 할지라도 권역별로 수탁의무를 차별화하기 어렵게 되고, 이는 금융회사로 하여금 고객의 자금과 정보를 전용하거나 오용하게 하는 등 불공정거래 유인을 제공하여 금융회사와 고객 간 이해상충 문제를 심화시킬 가능성이 있다.

세 번째, 규제체계가 불완전하거나 금융권 간 이해가 첨예하게 대립되어 있는 경우에는 규제완화의 효율성 제고 효과가 의문시되기 때문이다. 예컨대 은행보다 상대적으로 느슨한 규제와 감독을 받는 비은행금융회사에게 은행업무를 허용해 줄 경우 비은행금융회사는 규제상의 차익거래를 통해 수익을 늘릴 수 있지만 은행의 수익은 낮아지게 된다. 이때 "다른 사람의 복리후생을 감소시키지 않으면서 스스로는 최고의 복리후생을 누리는 자원배분 상태"인 효율성은 실현되지 않는다.

네 번째, 산업자본의 금융지배문제가 심화될 수 있기 때문이다. 산업자본이 증권사, 보험사 등 비은행금융회사의 절반 이상을 소유하고 있는 현실에서 정보가 이들 비은행금융회사에 대한 각종 규제를 완화할 경우에는 산업자본에 의한 금융지배의 폐해가 광범위하게 파급될 가능성이 있다. 앞에서 살펴본 바와 같이 산업자본과 금융자본의 결합은 비용과 수익의 시너지효과, 다변화의 편익, 자본확충의 용이성, 대리인 비용과 기업지배 측면에 유리한 작용을 하는 순기능도 있지만 이를 누릴 수 있는 자들은 극히 제한된 범위에 머물기 마련이다. 그 때문에 산업자본과 금융자본의 결합은 고객과 지배주주 간 이해상충, 은행산업의 경쟁제한으로 경제력 집중 및 양극화, 손실전가에 의한 안전망 위협, 금융기관의 사금고화, 금융감독 부담의 증대, 경제의 충격흡수 여력을 낮추는 등 폐해가 크다.

다섯 번째, 규제완화의 유인이 부족할 수 있다. 규제완화는 정부의 시장통제력을 약화시킬 수 있다. 또한 규제완화가 금융회사의 부실이나 금융시장의 불안정으로 이어질 경우 정부는 이에 대한 책임으로부터 자유로울 수 없을 것이다.

따라서 금융시장의 효율성을 제고하기 위해 정부가 우선적으로 해야 할 일은 금융시장을 완전에 가까운 상태로 만드는 것이다. 이는 소수의 경제주체가 자금 및 정보상의 우월적 지위를 이용하여 금융시장의 공정성과 안정성을 저해하지 못하도록 함을 의미한다. 경쟁제한적 규제를 완화하거나 철폐하는 것은 그 다음의 일이다. 왜냐하면 자유경쟁은 시장이 공정성과 안정성을 갖추었을 때 비로소 그 본연의 역할인 효율성 실현에 성공할 수 있기 때문이다.

## 3. 금융규제 완화 시 문제점

향후 규제완화가 계속되고 금융환경변화가 가속화되는 가운데 형성되는 문제점들로는 금융산업 내 구조적 위험의 증가, 시장참여자들의 도덕적 해이 증대, 그리고 개방화에 따른 위험이다.

우선, 구조적 위험은 시장위험 및 신용위험 등을 포함하는데 금융자율화 및 개방화가 급속히 진행되면서 구조적 위험의 원천 자체가 증가하며 아울러 금융규제완화가 시장참여자들의 자유재량권을 확대함으로 써 이들의 구조적 위험에의 노출 또한 증가할 가능성이 있다.

두 번째, 규제완화로 인한 규제의 공백과 제도변환과정에서의 혼란 속에서 시장참여자들의 불법행위 또는 도덕적 해이 등이 지속되거나 또는 확대될 가능성이 있다.

세 번째, 국제화의 진전에 따라 국내 금융산업 간 및 외국 금융기관 과의 경쟁과정에서 국내 일부 금융기관들이 부실화될 가능성이 있다.

따라서 금융기관의 규제를 완화하기 위해서는 이를 보완하기 위한 감독기능이 효율적이어야 하며 감독이 강화되어야 한다. 즉 금융규제의 완화란 정부의 통제범위를 줄이고 민간부문 자율의 폭을 확대하는 것 인데 금융산업을 둘러싼 여타 환경요인들이 변하면서 금융산업을 각종 위험에 노출게 할 우려가 있다

따라서 규제당국과 금융기관들은 규제완화 이후 경쟁심화 등이 초래 할 위험에 대해 충분히 인식하여 이에 대한 대책을 마련해야 한다.


## 4. 시사점

현재 국제적으로 진행되고 있는 규제완화는 금융기관의 자율성을 확 대하여 금융산업 발전에 기여할 것으로 생각된다. 그러나 감독기능이 미비한 경우 일부 금융회사의 잘못된 진입, 영업활동, 퇴출 등을 지연 시킬 수 있고, 이러한 지연은 금융시장의 효율성을 저해하고 익명의 소비자나 투자자, 특정의 금융회사나 이해관계자에게 손해를 끼쳐 금융 시장의 안정성과 공정성까지 저해할 가능성이 있다.

따라서 금융시장의 안정과 공정성을 확보하기 위해서는 업종별 고유 업무에 관한 한분업주의 원칙을 유지하고 금융소비자 및 투자자 보호 장치를 강화할 필요가 있으며, 금융회사의 대주주나 주요출자자에 대한

자격요건 제한, 한도초과 보유주식에 대한 의결권제한, 한도초과 보유
주주에 대한 저격성심사 등 기존의 규제를 유지할 필요가 있다. 또한 징
벌적 손해 배상제도나 기업분할제도를 도입하고 집단소송제도를 활성화
하는 것은 금융시장의 공정성뿐만 아니라 효율성까지 동시에 확보ㆍ제
고하는데 기여할 수 있을 것이다.

별첨1.

## 삼성그룹 지배구조도

2003.12.31 기준(삼성전자 2003년 말 사업보고서 참고)
(인터넷 참여연대에서 재인용)
단위 %

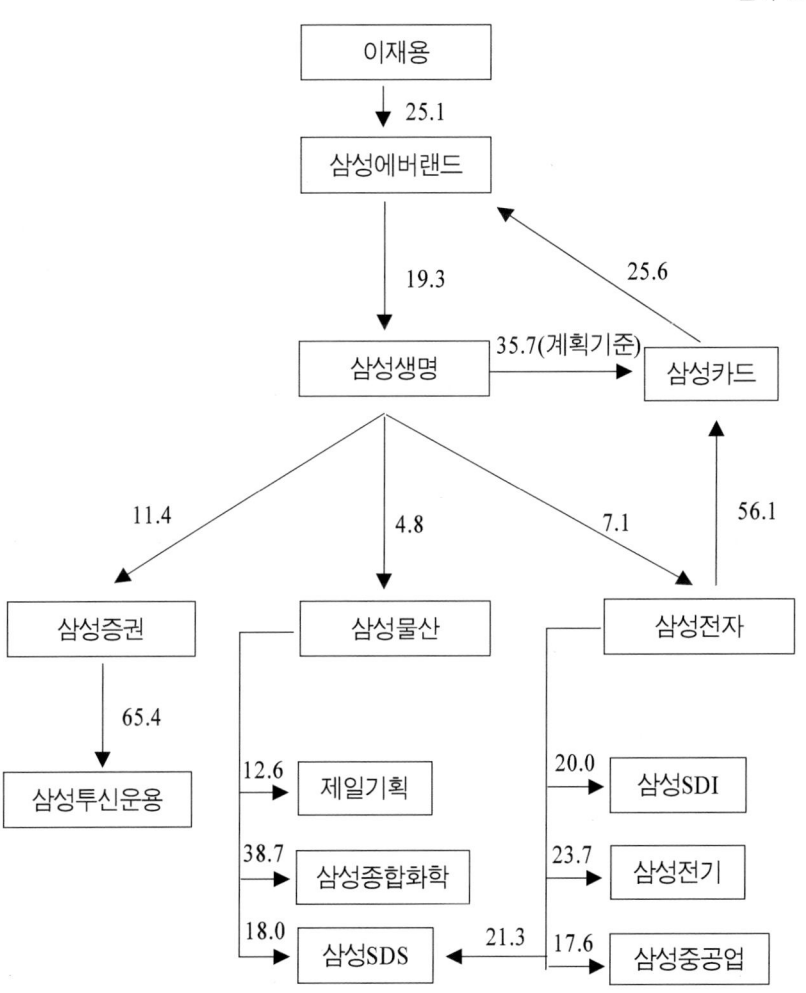

# 참고자료

강종구, 김현의, "외국금융기관의 진입이 국내 은행산업에 미친 영향," 한국은행 금융경제연구원, 2005. 5.

고광수·김근수·박창욱, "국민연금기금의 바람직한 투자 방향,"『연금포럼』Vol. 15, 2004. 7, pp. 50~51.

고동원, "은행법상의 몇 가지 문제점에 관한 고찰,"『상사법연구』, 제22권 제5호, 2004.

공정거래위원회 독점국, "금융보험사 의결권 제한 제도," 2004. 12. 정책설명자료

김광묵, "은행산업의 소유구조 규제에 관한 법제개선방안 연구," 한국법제연구원, 2001.

김시오, "미국 공적 연기금의 운용사례 분석,"『연금포럼』Vol. 10, 2003. 4, pp. 91~92.

김시오, "2004년 국민연금 기금운용 성과분석,"『연금포럼』Vol. 18, 2005. 5, p. 89.

김우찬, "국민연금기금의 의결권행사체계 구축방안,"『기업지배구조연구』, 2001. 겨울호.

김우찬, "국민연금기금의 주주권행사 필요성,"『연금포럼』Vol. 6, 2002. 5, p. 29.

김형태, 『Private Equity Fund의 활성화 방안: 기업인수사모펀드(Buyout Funk)를 중심으로』, 한국증권연구원, 2004.

김현욱, "은행주식 보유확대에 관한 논의와 개선방안," 한국개발연구원 보고서, 2001. 9.

노인철, "국민연금의 주식투자 어떻게 이해할 것인가,"『연금포럼』Vol. 20, 2005. 12, pp. 31~32.

노희진, "사모펀드와 기관투자가의 관계,"『상장협회보』, 제51집, 한국상장회사협의회, 2005. 3.

나동민, 함상문, 김현욱, "출자금융기관의 민영화전략-외국의 사례분석을 중심으로 은행민영화의 원칙과 정책제언," 한국개발연구원 연구보고서 2002-10, 2002.

대한상공회의소, "산업자본과 금융자본 분리정책의 문제점과 정책개선방향,"

2004. 1. 15

박상수, "국민연금의 주주권 행사방안," 『국민연금포럼』, 2004 겨울호

박현수, "외국인 투자자의 국내기업 인수 전략과 대응방안," 『상장협』, 제50호, 한국상장회사협의회, 2004. 9.

_____, "외국인 주식투자가 국내기업의 성장에 미치는 영향," 『Issue Paper』, 삼성경제연구소, 2004.

오규택, "국민연금의 사모펀드 투자방안," 『국민연금포럼』, 2005 봄호

오태형, "PEF제도의 도입과 한계점," 『손해보험』, 2005. 5.

우재룡 외, 『국민연금 기금운용 중장기 투자정책: 최종보고서』, 2002, pp.631∼708.

원종현, "선진 기업지배구조하에서 기관투자가의 역할," 『연금포럼』 Vol. 4, 2001. 12, pp. 93∼103.

원종현, "CalPERS의 적극적 투자 운용 사례," 『연금포럼』 Vol. 16, 2004. 12, pp.81∼82.

유상현·강희주·김병연, 『국민연금기금 Buyout 투자의 의의와 운용방안』, 국민연금관리공단 국민연금 연구센터, 2005.

윤성훈, "주식시장에서 기관투자가의 역할제고를 위한 과제 - 기관투자가의 주식 매매형태 및 성과분석에 따른 시사점을 중심으로," 『금융경제연구』, 한국은행 금융경제연구원, 2004. 1.

윤희웅·이진국 "사모투자전문회사의 합자회사 형태에 따른 법적 문제점," 『BFL』, 제10호, 2005.

은행계, "사모펀드 도입 기업사냥꾼 머니게임 우려: 엄격한 감시·감독체계 확립 필요," 『금융계』, 제39권 제12호 통권 제463호, 2004. 12. 3.

이병국, "PEF 활성화와 M&A 시장," 『조사연구』, 산은경제연구소. 2005.

이병윤, "외국자본의 국내 은행산업 진출과 금융안정성," 『금융리스크리뷰』, 2005년 봄호.

_____, 『외국자본 진출확대의 영향과 대응방안』, 한국금융연구원, 2005. 12.

이재연, 『금융규제의 운영실태분석과 개선방안-은행산업을 중심으로』, 한국금융연구원, 2004. 12.

임준한·조성봉, "경제력집중 억제정책과 금융보험사의 의결권 제한," 『공정거래법 전면개편방안(상)』, 전경련, 2002.

전삼현, 『금융지주회사법의 문제와 대안』, 자유기업원, 2001.

전성인, "산업자본과 금융자본의 분리에 관한 제도적 검토: 한국과 미국의 경우를

중심으로," 『산업조직연구』 제12집 제2호, 2004

_____, "사모펀드와 금융시스템의 안정," 『금융리스트리뷰』, 제1호, 예금보험공사, 2004 가을.

전승철, 윤성훈, 이병창, 이대기, 이현영, "투기성 외국자본의 문제점과 정책과제," 한국은행 금융경제연구원, 2005.

정형권, "은행민영화 방안에 관한 연구," 금융경제연구, 한국은행, 2004.

재정경제부, "산업자본의 금융지배에 따른 부작용 방지 로드맵," 2004. 1. 2.

재정경제부 금융정책국, "간접투자자산운용업법 시행령 개정방향," 2004. 10.

좌승희, "기업집단의 금융겸업구조분석을 통한 금융산업의 소유구조정책방향 모색," 한국개발연구 제16권 제4호, 1994 겨울호

조성훈, "공적연금의 지배구조: 국민연금을 중심으로," 『증권법학회 세미나 발표자료』, 2005. 1.

조성원·고광수·박창욱, "공적연금의 지배구조에 관한 연구," 「연구보고서」, 한국증권연구원, 2004. 9.

차백인, "금융권의 외국인투자," 한국금융연구원, 2004. 10.

최공필, "사모펀드 등 국내자본 적극 육성해야," 『나라경제』, 제16권 제3호 통권 제 172호, KDI 경제정보센터, 2005. 3.

한광석, "주식의결권행사에 대한 차별적 규제와 해소 방안," 한국경제연구원, 2006. 1.

한국개발연구원, 『금융산업 발전방안-금융시스템 개혁을 위한 부문별 과제』, 연구보고서 2001-02

한국은행, "주요국 은행의 산업자본과의 관계-형성배경과 시사점을 중심으로," 한국은행 조사부 보고서, 1999.4.

한국은행, "외국인 투자기업에 대한 경영성과 분석," 보도자료, 2004, "외국자본이 국내 금융산업 진출현황 미 과제," 2003.


국민연금관리공단 웹 사이트(www.nps4u.go.kr)

연금적립금관리운용독립행정법인 웹 사이트(www.gpif.go.jp)

CPP 홈페이지: www.sdc.gc.ca/en/home.shtml

CPPIB 홈페이지: www.cppib.ca/index_en.html

CalPERS 홈페이지 www.calpers.ca.gov


Barth, Nolle, and Rice, "Commercial Banking Structure, Regulation, and

Performance: An International Comparison," Office of the Comptroller of the Currency, Economics Working Paper, February 1997

Barth, Caprio, and Nolle, "Comparative International Characteristics of Banking," Office of the Comptroller of the Currency, Economics and Policy Analysis Working Paper, January 2004

Brance, Alex, "Why and How to Investment in Private Equity," EVCA Special Paper, 2003.

Brown, Jonathan, "The Separation of Banking and Commerce," essential information report, 1991

Cervellati, Enrico Maria, "Financial Regulation and Supervision in EU Countries," EFMA 2003 Helsinki Meetings

Goldman Sachs International and Russell Investment Group, *Report on Alternative Investing by Tax-Exempt Organizations*, 2003.

Herring, Richard and Santomero, Anthony, "what is Optical Financial Regulation," in *The New Financial Architecture*, edited by Benton Gup, Quorum Books, 2000.

Honohan, Patrick, and Daniela Klingebiel, "Controlling the Fiscal Costs of Banking Crises," World Bank, Policy Research Working Paper, September 2000.

Lerner, Josh, *Venture Capital and Private Equity: A Casebook*, 2000.

Levin, Jack S., *Structuring Venture Capital Private Equity, and Entrepreneurial Transactions*, 2005 ed., June 2005.

Olsen, John, and Gagliano, Salvatore, *Note on Leveraged Buyouts*, Center for Private Equity and Entrepreneurship of Tuck School of Business at Dartmouth, 2004.

Patric, Cook, "Private Equity Investing," *Alternative Investment Strategies*, Euromoney Books, 1998.

Santos, Joao A.C., "Banking and Commerce: How Does the United States Compare to Other Countries?"

Saunders, Anthony, "Banking and Commerce: An overview of the public policy issues," *Journal of Banking and Finance* 18, 1994.

Schell, James M., *Private Equity Funds: Business Structure and Operations*, 2004.

Walter, John R., "Banking and Commerce: Tear Down This Wall?," FRB of Richmond, *Economic Quarterly* Vol. 89/2, Spring 2003.

# 저자 약력 사항

## 1. 권영준

경희대학교 국제경영학부 교수

서울대학교 경제학과 졸업(경제학 학사)

미국 University of Pennsylvania, the Wharton School (경영학 박사)

한국선물학회 회장 역임

한국재무학회 편집위원장 역임

한국금융학회 이사 역임

### 주요논저

『Efficiency, Productivity Change and Characteristics in the Korean Life Insurance Industry』(리스크관리연구)

『우리나라 은행산업의 이윤변화 결정요인 분해』(재무연구)

『우리나라 은행산업의 생산성 변화 요인: Malmquist 방법론의 적용』(금융학회지)

『Selection of Underlying Index for Stock Index Futures in Korea』(재무연구)

『21세기 한국금융의 경쟁력강화방안』(저서: 한림과학원 총서)

『리스금융론』(저서: 법문사)

## 2. 이혜란

단국대학교 경제학 박사

### 주요논저

『한국 통화정책의 효과 분석-지급준비율 변동을 중심으로』

『한국 은행산업의 구조조정 효과분석-X-비효율 분석을 중심으로』

## 3. 하능식

건국대학교 경제학과 졸업

건국대학교 대학원 경제학 석사

Purdue University 경제학박사(Ph.D)

한국은행 연구원

한국지방행정연구원

건국대학교, 강남대학교 등 출강

### 주요논저

『한국의 소득계층별 조세부담분포 분석』

『Essays on Unemployment Insurance』

『공적연금 재정구조의 현황과 문제점』

『기업연금제도의 도입배경과 과제-금융시장발전을 위한 정책과제를 중심으로』

# 산업자본과 금융자본 관계의 국제비교

• 초판 인쇄    2007년 6월 30일
• 초판 발행    2007년 6월 30일

• 지 은 이    권영준·이혜란·하능식
• 펴 낸 이    채종준
• 펴 낸 곳    한국학술정보㈜
             경기도 파주시 교하읍 문발리 526-2
             파주출판문화정보산업단지
             전화  031) 908-3181(대표) · 팩스  031) 908-3189
             홈페이지  http://www.kstudy.com
             e-mail(출판사업팀사업부)  publish@kstudy.com
• 등    록    제일산-115호(2000. 6. 19)
• 가    격    24,000원

ISBN      978-89-534-6969-3 93320 (Paper Book)
          978-89-534-6970-9 98320 (e-Book)